과제중심 영어교육

김성애 지음

현장 및 예비 영어교사의 교수기술 향상을 위한 안내서

신아사

서 문

외국어교육의 목표로 의사소통능력 개발을 강조하게 되면서 우리의 영어교육 현장에서도 의사소통능력 개발을 위한 다양한 교수법이 등장하게 된지도 오래되었다. 그 중에서도 최근에 우리나라의 교육현장에서 심심치 않게 거론되고 있고 또한 극히 제한적이기는 하지만 일부 특성화 고등학교에서는 이미 실시를 하고 있는 곳도 있기 때문에 과제중심 언어교육에 대해서 현장의 교사들과 장차 교사가 되고자 하는 예비 교사들의 이해를 돕고자 이 책을 쓰게 되었다.

제2언어 환경에서보다는 많이 늦었지만 다행히 최근 몇 년에 걸쳐 우리나라에서도 적지 않은 학자들이 과제중심 언어교육 분야에 대한 연구 결과물을 내어 놓고 있다. 그리고 이러한 연구들은 분명 교사들의 과제중심 언어교육에 대한 이해를 높이는 데 기여하였을 것으로 믿는다. 하지만 한 가지 아쉬운 점은 적지 않은 이러한 연구들이 대부분 실험적인 상황에서 이루어졌으며, 따라서 이러한 연구 결과들로부터 현장의 교사들이 실제 과제중심 언어교육을 자신의 교실에서 어떻게 적용해야 하는지에 대한 정보를 얻기에는 아직 많이 부족하여 실제 수업에 기여하는 데에는 미흡하였다고 할 수 있을 것이다.

저자는 이런 점을 감안하여 이 책을 통하여 영어교사들에게 과제중심 영어교육에 대한 이론적 배경뿐만 아니라 실제 교실에서 어떻게 적용해야 하는지에 대한 보기들을 제공함으로써 보다 실용적인 정보를 제공하는 데 중점을 두었다. 우리나라와 같은 외국어로서의 영어(EFL) 환경에서도 과제중심 영어교육이 적어도 부분적으로는 실시될 수 있으며, 또한 그렇게 하는 것이 학생들의 의사소통능력을 개발하는 데에도 도움이 된다는 것이 저자의 생각이다. 비록 보다 많은 예를 포함시키지 못하였다는 아쉬움은 있지만 최소한 EFL 교사들로 하여금 EFL 상황에서도 과제중심 영어교육은 적용될 수 있으며, 또한 그렇게 되어야 한다는 점을 인식하는 데 도움이 되었으면 하는 것이 저자의 바램이다.

목 차

현장 및 예비 영어교사의
교수기술 향상을 위한 안내서

과제중심 영어교육

제1장 서 론

1. 우리나라 영어교육의 현실
2. 과제중심 언어교육의 필요성
3. 이 책의 구성

1. 우리나라 영어교육의 현실

학생들의 의사소통능력을 향상시킨다는 목표 아래 우리나라의 영어 교육 정책이 의사소통중심 언어교육을 강조해 온지도 어언 20년이 넘었다. 그동안 “영어로 하는 영어수업(TETE: Teaching English Through English)”이라는 기치 아래 교사는 영어로만 수업을 하고 학생들도 영어로만 말해야 하는 연구 수업 발표도 많이 있었고, 몰입교육 프로그램(emersion program)이나 내용중심 교육(content-based instruction)과 같은 우리 실정에 맞지도 않은 교수법들을 일부 학자들이 선봉에 서서 도입하려는 시도도 있었다. 이러한 시도들은 모두 학습자들의 의사소통 능력을 높인다는 좋은 취지에서 시작되었으며, 모두 영어로 영어수업을 한다는 데 공통점이 있다. 하지만 그동안의 학교 교육을 보면 이러한 여러 가지 시도들이 현장에서 뿌리내리지 못하고 예산 낭비뿐만 아니라 교육 현장의 혼란만 초래하였다는 비난을 면하기는 어려운 것 같다. 실제로 그런 교수법들이 추구하는 바대로 수업을 하는 사례는 연구 발표 외에는 거의 없기 때문이다.

그동안 나름대로 수행했던 몇몇 연구들을 통해 저자는 현재 우리나라와 같은 EFL 환경에서는 ESL 환경에서처럼 의미에만 초점을 맞추고 목표언어의 형태에 대해서는 등한시하는 그런 종류의 의사소통중심 교수법은 적절하지도 않을뿐더러 효과도 거의 없다는 결론을 얻었다(S.-A. Kim, 2002, 2003, 2005). 이는 그 동안의 국가 영어교육 정책에도 불구하고, 고등학교는 말할 것도 없고 입시 부담에서 아직은 거리가 있는 중학교에서조차 여전히 전통적인 문법-번역 중심 교수법(Gtammar-Translation Approach)이 주류를 이루고 있는 현실에서도 그대로 증명된다. 한마디로 말하자면 대부분의 영어교사들이 교실에서 목표언어를 다루는 근본적인 교수방법에는 예나 지금이나 크게 변한 것이 없다는 뜻이다. 이러한 결과는 그동안 새로운 영어교육을 위해 투자한 시간과 노력, 그리고 막대한 예산을 고려할 때 대단히 유감스러운 일이 아닐 수 없다.

우리나라의 학습자 요인, 학교 요인, 그리고 환경적인 요인 등 여러 가지 한계를 고려해 볼 때 우리의 영어교육 목표와 실제 교육과의 괴리는 어쩌면 애초부터 예상된 것이라고 봐도 과언이 아니다. 그 동안 강조해 온 영어로 하는 영어수업의 효율성을 떨어뜨리는 근본적인 요인을 두 가지만 들자면, 우선 한 가지 요인으로는 학습자들이 목표언어를 사용하고자 하는 동기가 낮을 수밖에 없다는 점을 들 수 있을 것이다. ESL 환경에서와는 달리 EFL 학습자들은 교실 안에서만 목표언어를 배우며, 교실 밖에서는 목표언어를 사용할 기회도 없고 구태여 사용해야 할 필요성을 느끼지 못하는 것이 사실이다.

영어로 하는 영어수업이 제대로 안 되는 또 하나의 요인으로는 교사 스스로 목표언어에 대한 자신감과 유창성이 부족하며, 또한 교실에서 어떻게 영어로 가르쳐야 하는 지에 대한 교육을 제대로 받지 못한 터라, 영어로 효과적인 수업을 하기가 쉽지 않다는 점이다. 이러한 근본적인 한계에도 영어로 하는 영어수업이 제대로 시행되기를 기대한다면 이는 현실을 직시하지 못하는 것이라고 해도 과언이 아니다. 영어로 하는 영어수업뿐만 아니라 그 어떤 정책도 현실적인 한계를 충분히 고려하지 않고는 결코 성공하기가 쉽지 않을 것이다. 외국어습득 이론에 의하면 언어습득은 언어 입력(input) 제공만으로는 충분하지 못하며 (Bragger, 1985; Swan, 1985), 제공된 언어 입력이 상호작용을 통해 수정되는(modified) 과정을 거침으로써 학습자에 의해 흡입(intake)이 되어야만 언어습득이 가능하다고 한다(Gass & Varonis, 1994; Hadley, 1993; Loschky, 1994; Schinke-Llano & Vicars, 1993; Tsui, 1987; Vanpatten & Cadierno, 1993). 이 점에서 볼 때 현재 우리의 영어로 하는 영어수업들은 상당한 한계를 지니고 있다. 저자가 관찰한 그 어떤 수업에서도 학생들이 상호작용을 하면서 언어 입력을 수정하는 기회를 갖는 경우를 찾아보기가 힘들었기 때문이다.

학자들이 제시하는 다양한 교수법에도 불구하고 실제 어떻게 가르칠 것인가에 대한 구체적인 내용은 교수 상황에 따라 달라져야 할 것이다(Prabhu, 1990). 하지만 교수 상황에 따라 달라져야 하는 구체적인 내용에도 불구하고 Vanpatten과 Cadierno(1993)는 모든 외국어교실에서 교사들이 지켜야 할 한 가지 원칙이 있다고 주장한다. 즉, 학습자들이 목표언어를 습득하게 하기 위해서 교사들이 해야 할 일은 언어 출력(language output)에만 초점을 맞추는 전통적인 문법 지도와는 달리 언어 입력이 어떻게 이루어지는가에 초점을 맞추어야 한다는 것이다. 다시 말해서 학습자 내부의 목표언어 체계를 개발하고자 한다면(즉, 목표언어가 습득되기를 바란다면) 학습자의 언어 출력을 강제하기보다는 언어 입력이 학습자에 의하여 인지되고 처리되는 과정 그 자체에 변화를 주어, 학습자 내부의 목표언어 체계가 발달하도록 도와주는 그런 형태의 언어 지도가 되어야 한다는 것이다. 이를 위하여 교사는 학습자들이 배운 문법 구조를 상호작용을 통하여 의미 있게 사용할 기회를 주는 것이 필요하다고 한다.

한 마디로 그동안의 우리나라 영어교육은 학자들의 주장을 제대로 반영하지도 않았을 뿐더러, 우리 실정과는 맞지도 않는 교수법을 무리하게 적용하려다보니 그 부작용이 컸고, 그로인해 결국은 그런 시도 자체가 흐지부지되어 버리는 형국이었다고 하겠다.

2. 과제중심 언어교육의 필요성

과제중심 언어교육은 현지에서 제2언어로서 영어(ESL)를 배우는 언어 환경에서는 1980년대부터 교사들의 많은 관심을 받아왔으며, 그 효과에 대한 주장을 실은 논문과 서적도 많이 출판되어왔다. 하지만 이러한 ESL 상황에서의 많은 관심에도 불구하고 대부분의 외국어로서의 영어(EFL)를 가르치는 교사들로부터는 그동안 거의 관심을 끌지 못하였으며, 따라서 현장에서 실제 이 교수법을 적용하는 사례도 매우 드물었던 탓에, 이것이 마치 최근에 나온 새로운 교수법인 것처럼 오해하는 사람들도 없지 않다.

과제중심 언어교육에 대한 EFL 상황에서의 관심 부족은 아마도 ESL 상황에서는 거의 존재하지 않는 다양한 한계들이 EFL 상황에서는 존재하며, 이러한 한계들이 과제중심 언어교육을 제대로 실시하는 데 걸림돌이 되기 때문일 것이다. 예를 들면 학생 수가 많은 교실 환경이라든지, 심한 입시 경쟁이라든지, 전통적인 교수법에서 그러하듯이 교사는 가르치고 학생은 배우는 형태의 교육에 익숙해져버린 교사들, 문법 교육을 강조하는 경향, 과제중심 언어교육이라는 새로운 교수법에 대한 교사들 자신의 지식과 훈련 부족, 그리고 그러한 교수법을 적용하기 위해 필요한 자료의 부재 등, 과제중심 언어교육이 교사들로부터 외면당할만한 충분한 이유가 존재하는 것도 사실이다.

과제중심 언어교육에 대한 영어교사들의 외면에도 불구하고 우리들의 일상생활 자체가 사람들과의 상호작용(interaction)을 통해 수행하는 숱한 과제들로 이루어져 있다는 사실은 부정할 수 없을 것이다. 따라서 과제중심 언어교육에 대한 일부 비판, 즉 과제의 정의가 명확하지 않다든지, 진정성 있는 언어사용(authentic language use)을 지나치게 강조한다든지, EFL 상황에서의 적용에 있어서의 문제점 등과 같은 부정적인 시각들(예: Butler, 2005; Carless, 2007; Li, 1998; Seedhouse, 2005; Sheen, 1994; Widdowson, 2003)에도 불구하고, 오늘날 언어교수나 학습에 대한 논의에서 '과제'라는 용어 자체를 피하는 것은 어렵다고 생각된다. 또한 과제중심 언어교육의 궁극적인 목적이 학습자들의 의사소통능력을 개발하는 데 있다는 점을 감안한다면, 교사들의 입장에서도 과제중심 언어교육을 자신의 교수법을 위한 또 하나의 중요한 구성 요소로 고려하지 않고 아예 외면하는 것은 무언가 중요한 것을 놓치는 것이라고 할 수 있다.

간단히 말하자면, 과제중심 언어교육은 EFL 교실에서의 좀 더 나은 수업을 위해서 보다 많은 역할을 할 수 있으며(Foster, 2009), 따라서 현재의 우리나라 영어교육을 당장 크게 뒤바꾸는 역할을 하지는 못할지라도 좀 더 향상시킬 수 있는 역할은 충분히 할 수 있다고 믿는다. 이런 의미에서 이 분야에 대해 최근 국내의 연구들(예: Chun, 2004; Han, 2011; Jeon, 2005; Joh, 2012; Ko, 2006; Lee, M. J., 2006; Lee, S.-M., 2005; Shin, 2011; Song, 2005; Yang, 2008)이 증가하고 있다는 것은 상당히 고무적이라고 하겠다.

3. 이 책의 구성

이 책의 구성은 다음과 같다. 우선 제2장에서는 이론적인 바탕으로 의사소통중심 언어교육에 대해 간단히 기술하고, 다음으로 과제중심 언어교육과 외국어 환경에서의 과제중심 영어교육에 대해 기술하였다. 제3장에서는 과제중심 언어교육에 대한 이해를 위하여 과제의 정의와 구성요소, 그리고 유형에 대해서 소개하였다. 이어서 제4장에서는 교수 과제 유형 별로 예시를 들어 설명하였다. 제5장에서는 과제중심 교수요목에 대해 소개하였는데, 구체적으로는 의사소통중심 언어교육에서의 교수요목에 대해서 먼저 기술하고, 다음으로 과제중심 교수요목의 유형과 특징에 대해서, 그리고 마지막으로 교수요목 디자인에 대해서 기술하였다. 제6장에서는 과제중심 수업에 대해서 기술하였는데, 구체적으로 수업계획의 구성은 어떻게 해야 하는지, 수업계획에서 고려해야 할 사항은 무엇인지, 실제 수업에서 교사와 학생의 역할은 무엇인지, 그리고 평가에서 고려해야 할 사항은 무엇인지에 대해서 기술하였다. 그리고 제7장에서는 앞 장에서의 이론적인 내용을 바탕으로 과제중심 언어교육의 현장 적용에 대한 독자들의 이해를 돕기 위하여 초등학교 수업, 중학교 수업, 고등학교 수업 순으로 각각 예를 들어가며 과제중심 영어수업의 실제에 대해 소개하였다. 이 예들을 통하여 교사가 과제중심 수업을 위하여 학생들에게 어떤 과제 전 활동을 동원할 수 있는지, 과제 수행을 보다 원활히 하기위해서 교사와 학생들은 각각 어떤 역할을 해야 하는지, 또한 과제 후 활동에는 어떤 것들이 있을 수 있는지, 평가는 어떻게 할 수 있는지, 등에 대해 보여주고자 하였다. 마지막으로는 끝맺는 말을 포함하였다. 그리고 부록에는 12개 분야 별로 일상생활 속에서 자주 쓰이는 어휘들을 포함시킴으로써 분야 별 과제활동 지도에 참고가 되도록 하였다. 비록 완성도 면에서 부족한 점이 있으나 아무쪼록 이 책이 현직 영어교사들과 또한 장차 교사가 되고자 하는 예비 영어교사들의 과제중심 언어교육에 대한 이해를 넓히고, 비록 부분적으로나마 실제 영어교실에서 과제중심 언어교육을 실시하는 데 필요한 아이디어를 제공함으로써 그들의 교수기술 향상에 보탬이 될 수 있기를 바라는 마음이다.

제2장 이론적 배경

1. 의사소통중심 언어교육
2. 과제중심 언어교육
3. 외국어 환경에서의 과제중심 영어교육

1. 의사소통중심 언어교육 (Communicative Language Teaching: CLT)

언어학습에서 언어의 형식(form)보다는 의미(meaning)에 초점을 두는 의사소통중심 언어교육(Communicative Language Teaching: CLT)은 전통적인 문법중심 언어교육에 대한 반작용으로 1970년대에 대두된 이래 그동안 서서히 세력이 확장되어 오늘날에는 그 어떤 상황에서의 언어교육이건 그 목표는 의사소통능력 개발에 있다고 할 정도로 언어교육에 있어서 하나의 핵심적인 이론 또는 접근법으로 자리 잡았다. CLT의 핵심은 학습자를 의사소통에 참여시킴으로써 목표언어의 의사소통능력을 개발하게 하는 데 있다(Savignon, 2005). 이 접근법에서는 언어가 의미를 창조하기 위한 역동적인 자원으로 간주되어 문법 규칙을 아는 것만으로는 의사소통을 제대로 하는 데 부족하며, 그 규칙들을 효과적이고 적절하게 사용할 줄 아는 능력까지 갖추어야 함을 강조한다.

CLT는 학습자들로 하여금 가능한 한 최대한으로 진정성 있게 교실 안과 밖에서 의미 있는 의사소통에 참여할 수 있도록 디자인된다(Thomson, 1992). 이 접근법에서는 교수의 초점이 교사로부터 학습자들에게로 이동하며, 따라서 학습자들은 전통적인 수업에서와는 다른 새로운 역할을 담당하여야 한다. 학습자들은 더 이상 교사가 말하는 것을 그대로 따라해야 하는 존재가 아니며, 교사가 설명하고 제공하는 것을 그대로 받아들이고 암기만 해야 하는 존재가 아니다. 대신 학습자들은 자신이 가진 모든 언어적, 사회적 기술과 자신의 생활 경험이나 그 외의 자원을 사용하여 의미 있는 의사소통에 참여하여야 한다. 따라서 효과적인 수업을 위해서는 학습자의 역할이 보다 중요시 된다.

언어는 무엇보다도 의사소통을 위한 수단이다. 따라서 언어교수의 목적은 무엇보다도 목표언어의 의사소통능력을 기르는 것이 되어야 한다. 하지만 종종 사람들은 이러한 의사소통중심 접근법 또는 의사소통중심 언어교육과 구체적인 교수법을 혼동하고 있는 것 같다. CLT란 교실에서 교사가 사용하는 특정한 교수법을 의미하는 것이 아니라, 언어의 특성과 언어학습에 대한 하나의 접근법(approach) 또는 이론(theory)으로 볼 수 있으며, 언어교수에 대한 원칙을 제공하는 것이라고 할 수 있다(Richards & Rodgers, 1986). 따라서 교실 현장에 적용하는 데 있어서는 일련의 다양한 교수법들이 있을 수 있으며, 또한 있어야 한다. 실제로 그 동안 의사소통중심 언어교육이라는 기치 아래 다양한 교수법들이 문헌을 통해 소개 되어 왔고, 그 각각의 교수법들이 나름 모두 '의사소통적인' 교수법이라고 주장하고 있기 때문에 오늘날 '의사소통적이 아닌' 교수법을 찾는 것이 사실상 불가능할 정도이다(Nunan, 1989).

ESL 상황에서 비롯된 CLT가 그 필요성과 도입의 의지에도 불구하고 EFL 상황에서는 제대로 실행되지 못하는 경우가 많다. 그 이유는 ESL 상황과는 달리 EFL 상황에서는 영어를 사용하는 언어 환경이 아닌 관계로, 언어를 사용하고자 하는 학습동기 자체가 교사들의 노력과 학생들의 의지에 달렸기 때문이다(Ellis, 1996). 그리하여 ESL 상황에서의 CLT는 학습자가 그 사회에서 제대로 기능을 발휘할 수 있도록 돕기 위한 통합적인 것인 반면, EFL 상황에서는 학교 교과과정의 일부로서 학교, 지역사회 또는 정부와 같은 환경적인 요인들(contextual factors)과 또한 교사의 목표언어 유창성이나 교수자원(resources), 적절한 자료의 유용성(availability) 등에 영향을 받을 수밖에 없다.

오늘날 문헌을 통해 소개되고 있는 CLT를 자세히 들여다보면 강한 형태와(strong version)와 약한 형태(weak version)로 나누어진다(Ellis, 2008, Willis, 1996). 강한 형태의 CLT는 언어능력이 목표언어 수행을 실제로 모방하는 활동을 통해서 개발된다고 보는 견해에서 비롯되었다. 다시 말해서, 수업 시간을 의사소통적 언어사용으로 유도하기 위한 언어 훈련이나 통제된 연습에 쓸 것이 아니라, 교실 밖에서 학습자들이 해야 할 것을 교실 안에서 하도록 하는 학습활동(activities)에 사용해야 한다는 견해이다. 이러한 견해를 따르는 수업에서는 문장 구조에 대한 연습이나 문법 지도에는 별로 관심이 없다. 하지만 이러한 강한 형태의 CLT는 다양한 교수 상황에서 발견되는 한계들로 인해 그 효과를 제대로 보지 못하는 경우가 많다. 그리하여 시간이 흐를수록 점차 힘을 얻고 있는 것은 약한 형태의 CLT인데, 이를 따르는 교사들은 의사소통적 언어지도를 추구하면서도 또한 문장의 구조에 대한 연습이나 문법 지도를 배제하지는 않는다(Nunan, 1988). 이런 형태의 CLT가 특히 EFL 상황에서는 더 현실적이고 또한 더 효과적이라고 할 수 있다.

간혹 의사소통중심 교수법에 대한 오해를 하고 있는 사람들이 있는 것 같아 이 기회에 다시 한 번 언급하고자 한다.

첫째, 의사소통중심 수업이라고 해서 영어만 사용해야 하는 것은 아니다. 그럼에도 불구하고 적지 않은 교사들이 학생들의 이해를 희생시켜 가면서까지 영어를 강요하는 것 같다. 예를 들어 어떤 새로운 구문을 소개하면서 영어로 문법 설명을 하는 것은 학생들에게는 전혀 도움이 안 된다. 학생들의 이해를 돕기 위한 설명이 아니라 전문 문법 용어까지 섞어가며 하는 설명이 더 어렵고 오히려 학생들을 더 혼란스럽게 만들어서는 곤란한데 이런 일이 교실에서 벌어지는 것을 수업 참관을 통해 목격한 적이 적지 않다.

둘째, 의사소통중심 수업이란 문자언어(written language)를 등한시 하고 음성언어(spoken language)에만 초점을 맞춘다는 뜻이 아니다. 제대로 의사소통능력을 갖추기 위해서는 언어의 네 가지 기술(듣기, 말하기, 읽기, 쓰기)을 골고루 갖추어야 한다. 요즘 같은 인터넷 시대에 다양한 정보를 주고받기 위해서는 읽기와 쓰기 기술도 듣고 말하기 기술 못지않게 중요한 기술이다. 언어의 네 가지 기술의 발달은 서로 보완적이지 배타적인 것이 아니라는 점(Brown, 2004)을 기억한다면 음성언어 중심 수업에 너무 치중하는 것은 바람직하지 않다.

셋째, 의사소통중심 수업이라고 해서 언어 형식은 등한시하고 의미에만 초점을 맞춘다는 뜻이 아니다. 형식에 대한 지식이 바탕이 되지 않으면 의미가 제대로 나올 수 없다. 음성언어건 문자언어건 간에 언어를 유창하게 구사하는 사람치고 문법 능력이 낮은 사람은 없다. 유창한 언어를 구사한다는 것 자체가 바로 문법 능력을 이미 갖추었음을 의미한다. 따라서 자연스런 환경에서 언어사용을 통해 자신도 모르게 문법을 터득하는 그런 언어 환경이 아니라면 문법은 열심히 가르쳐야 한다. 교실 상황이라는 제한적인 언어 환경에서 언어를 배우는 우리나라와 같은 EFL 환경에서는 자연스런 환경에서 풍부한 언어 입력을 받으면서 상호작용을 동반한 언어사용을 통해 문법을 자연스럽게 터득하는 것은 기대하기가 곤란하기 때문이다. 하지만 반드시 기억해야 할 것은 문법 학습은 그 자체가 목적이 되어서는 곤란하며, 어디까지나 의사소통능력을 기르기 위한 수단이 되어야 한다는 점이다.

목표언어의 문법 체계를 학습자들이 터득하게 하기 위해서는 문법적인 지식을 제공하는 것도 교사의 몫이며, 어떤 방법으로 문법 지도를 할 것인가는 학습자들의 인지 능력과 특성에 따라 달라질 수 있을 것이다. 예를 들면 초등학생들과 같이 어린 학생들에게는 복잡한 문법 설명보다는 학습활동을 통해서 문법을 묵시적(implicit)으로 터득하게 하는 것이 필요하겠지만 중학교 수준만 되어도 명시적 문법 지도(explicit grammar instruction)가 필요하다는 것이 저자의 생각이다. 왜냐하면 중학생이 되면 인지 발달 수준이 교사의 문법 설명을 제대로 이해할 수 있는 수준은 되기 때문이기도 하며, 또한 중학교 영어교육 과정에서는 가르쳐야 할 문법의 양도 많아질 뿐만 아니라 난이도마저 높아져서 묵시적인 문법 지도(implicit grammar instruction)로는 교사가 가르치는 내용을 학생들이 충분히 이해하기가 힘들 것으로 판단된다. 다시 말하자면 한정된 교실수업에서의 묵시적 문법 지도로는 학생들이 체계적으로 문법지식을 터득하기도 쉽지 않을뿐더러 또한 교사로서도 교과서 진도마저 제대로 나갈 수 있을지 매우 의심스럽다.

의사소통중심 교수법에 대한 논의에서 또 하나의 논쟁거리는 학습자의 모국어 사용에 관한 것이다. 외국어 교실에서 모국어 사용을 금지한 채 과연 목표언어만을 배타적으로 사용해야 하는지 여부에 관해서는 최근까지 찬반 논쟁이 계속되어 왔다. 하지만 최근 학습자의 모국어가 외국어 학습에서 장애물이기 보다는 오히려 자원이 될 수 있으며, 따라서 외국어 교실에서 모국어와 목표언어의 공존이 오히려 외국어습득에 이롭다는 주장들이 많다(예: Auerbach, 1993; Cook, 2001; Jensen & Vinther, 1983; Kharma & Hajjaj, 1989; Polio & Duff, 1994; Turnbull, 2001).

모국어 사용이 목표언어 습득에 도움이 된다는 주장들 중에서 Cook(2001)은, 현실적으로 생각해볼 때 학습자에게 있어서 모국어와 목표언어의 관련성은 지극히 당연한 것이며, 언어를 가르칠 때 외형상 강제적으로 그 둘을 떼어 놓는다는 것은 학습자 내부에서 일어나는 보이지 않는 과정과 상반되는 것이라고 주장한다. 다시 말하자면 외부에서 억지로 모국어 사용을 금지한다고 해서 학습자 내부에서조차 모국어 사용이 막아지는 것은 아니라는 뜻이다. 서툰 외국어로 의사소통이 제대로 안 될 때 잘 하는 모국어에 의존하고 싶어지는 것은 모든 인간의 본능이라는 점을 감안하면 그의 주장은 상당히 설득력이 있어 보인다. 또한 Auerbach(1993)도 모국어 사용이 학습자의 감정적인 장벽을 낮춰줌으로써 오히려 외국어습득을 원활하게 한다고 주장하고 있으며, 이와 유사하게 Polio와 Duff(1994)도 외국어 교실에서 목표언어와 목표문화에 대한 경험이 스스로도 극히 제한되어 있는 비원어민 교사가 교실에서 목표언어만 사용한다는 것은 합리적이지 않다고 주장한다. 다시 말하면 영어와 영어 문화에 익숙하지 못한 한국인 영어교사가 영어로만 수업을 하는 것은 무리라는 뜻이 되겠다.

이상의 주장들을 종합해보면, 외국어 유창성을 기르는 데에 있어서 중요한 것은 목표언어를 배타적으로 쓰느냐 쓰지 않느냐의 문제, 또는 모국어를 사용하느냐 사용하지 않느냐의 문제가 아니라, 목표언어와 모국어를 어떻게 사용하느냐가 중요하다고 하겠다. 다시 말하자면 외국어 교실에서의 목표언어와 모국어 사용에 대해서는 학습자의 수준과 그 외의 여러 가지 여건을 감안하여 현명한 판단을 내리는 것이 중요하다고 하겠다.

이 절을 끝내기 전에 마지막으로 Nunan(1989, p. 132)이 제시하는 훌륭한 의사소통중심 언어교육의 특징을 소개하자면 다음과 같다:

- 입력(언어적이든 비언어적이든)은 실제 자료로부터 나와야 한다.
- 학습자들로 하여금 의미협상이 요구되는 문제해결 활동에 참여하게 해야 한다.
- 실생활 속의 의사소통의 필요와 관련 있는 과제들을 포함해야 한다.
- 학습자들로 하여금 무엇을, 언제, 어떻게 배울 것인가에 대해 스스로 결정할 수 있도록 해주어야 한다.
- 실제 세상에서 일어나는 언어 과제들을 교실에서 연습할 수 있게 해주어야 한다.
- 학습자들이나 교사 모두 일련의 역할을 담당하게 하여 교실 안이나 교실 밖의 다양한 상황 속에서 언어를 사용하도록 해야 한다.
- 학습자들로 하여금 목표언어의 체계에 노출될 수 있게 해야 한다.
- 학습자들로 하여금 학습하는 방법을 학습하는 기술을 발달시킬 수 있도록 격려하여야 한다.
- 언어의 네 가지 상위기술(macroskills)(즉, 듣기, 말하기, 읽기, 쓰기)을 통합하여야 한다.
- 하위기술(microskills)(즉, 듣기, 말하기, 읽기, 쓰기를 잘 하기 위해 필요한 기술)을 익히는 데 필요한 통제된 연습(controlled practice)을 제공하여야 한다.
- 학습자들로 하여금 창의적인 언어사용을 하는 데 참여하게 해야 한다.

EFL 교실에서 위의 특징들을 모두 살리는 수업을 하기란 결코 쉬운 일은 아니다. 하지만 교사의 노력에 따라 그러한 특징들을 극대화 하는 것이 결코 불가능한 일은 아니라고 생각한다.

2. 과제중심 언어교육 (Task-based Language Teaching: TBLT)

과제중심 언어교육(Task-based language teaching: TBLT)은 1980년대에 제시 - 연습 - 수행(presentation, practice, and performance: PPP)의 과정으로 대표되는 전통적인 교수법(Ellis, 2003a)의 한계에 대한 반응으로 생겨났으며, 언어학적인 용어로 학습자가 무엇을 배울 것인가를 열거하기보다는 의사소통이라는 보다 통합적인 단위, 즉 과제(tasks)로 가르치고자 하는 내용을 열거하는 것이 필요하다는 믿음에서 나왔다(Ellis, 2005).

구성주의(constructivism) 학습이론과 의사소통중심 교수법(CLT methodology)에 바탕을 둔 과제중심 언어교육(Task-based language teaching: TBLT)은 언어학습이란 언어항목들을 연습함으로써 얻어지는 결과물이라기보다는 의사소통과 사회적 상호작용을 증진시키는 발달과정으로 보는 견해를 그 바탕으로 하고 있다. 이 견해에서는 학습자가 의미 있는 과제중심 활동에 자연스럽게 노출되었을 때 보다 효과적으로 목표언어를 배울 수 있다고 믿는다(Breen, 1987; Candlin & Murphy, 1987; Nunan, 1989; Prabhu, 1987). 이 견해는 의사소통중심 교실을 위한 실용적인 체재를 개발하였는데, 이 체재에서는 학습자가 과제 전 준비, 과제 수행, 그리고 언어에 초점을 맞춘 과제 후 피드백이라는 순환구조들(cycles)을 통해 과제중심 활동들을 수행하도록 되어 있다(Skehan, 1996; Willis, 1996).

Nunan(1991, p. 279)에 의하면 과제중심 언어교육은 다음과 같은 특징들을 가지고 있다:

첫째, 목표언어로 상호작용을 함으로써 의사소통하는 법을 배우는 것을 강조한다.

둘째, 학습 상황에 실제 자료(authentic texts)들을 투입한다.

셋째, 학습자들에게 언어에 초점을 맞추는 기회뿐만 아니라 학습 과정(learning process) 그 자체에 초점을 맞추는 기회도 제공한다.

넷째, 학습자 자신의 개인적인 경험들을 교실에서의 학습에 기여하는 중요한 요소로 사용한다.

다섯째, 교실에서의 학습이 교실 밖의 실제 상황과 연결되도록 한다.

이상의 특징들에서 알 수 있듯이, 과제중심 언어교육은 교실에서 이루어지는 연습의 종류가 전통적인 문법중심의 언어교육과는 매우 다르다. 따라서 과제중심 언어교육을 성공적으로 교실에 뿌리내리게 하려면 교사나 학생들의 역할뿐만 아니라 교수, 학습의 초점에서도 상당한 변화를 수반하여야 할 것이다. Willis(1996)에 의하면 과제중심 언어교육의 정착을 위해서는 다섯 가지의 원칙이 만족되어야 한다. 첫째, 가치 있고 실제적인 언어에 노출이 되어야 한다. 둘째, 언어사용을 활발히 하여야 한다. 셋째, 학습자들로 하여금 언어사용을 하도록 동기를 유발할 수 있는 과제가 있어야 한다. 넷째, 과제중심 수업 중 어느 시점에서는 반드시 언어에 초점을 맞추는 부분이 포함되어야 한다. 다섯째, 때에 따라 다르게 부각되는 언어에 대한 초점이 맞추어져야 한다. 어떤 교수/학습 상황에서건 과제중심 언어교육의 성공적인 정착을 위해서는 이러한 원칙이 제대로 지켜져야 한다고 그는 주장한다.

이상에서 과제중심 언어교육의 출현 배경과 이론적 바탕, 그리고 그 특징들과 정착을 위해 지켜져야 할 원칙들에 대해 기술하였다. 과제중심 언어교육에 대해 다시 한번 요약을 하자면 다음과 같다.

1) 과제중심 언어교육에서는 언어의 부분 부분을 우선시 하는 것이 아니라 언어가 사용되는 기능적인 목적(functional purposes)을 우선시 한다.

2) 과제중심 언어교육에서는 실제 세상에서 경험하게 되는 다양한 과제에 초점이 주어진다.

3) 과제에서의 입력(input)은 다양한 실제 자료로부터 이루어진다.

4) 과제중심 커리큘럼은 내용중심(content-based) 또는 주제중심(theme-based)과 경험중심(experiential)의 지도와는 달리 언어중심(language-based)이다.

5) 궁극적인 초점은 의사소통과 목적, 의미에 있지만, 그럼에도 불구하고 그 목적은 성격 상 언어적인 것이다. 물론 문법이나 음운론에 초점을 두는 그런 식의 언어적인 것이 아니라, 사람들에게 인사를 하든가, 자신의 의견을 표현하든가, 정보를 요청 하는 등의 기능적인 면에 무게 중심을 두는 등, 코스의 목적이 학습자의 화용적인 언어능력(pragmatic language competence)을 기르는 데 있다.

6) 과제중심 언어교육에서는 학습자들로 하여금 교실 밖의 실제 세상에 참여할 수 있는 실용적인 과제로 교실수업을 짜도록 요구하는 잘 통합된 언어교수 접근방법이 요구된다.

3. 외국어 환경에서의 과제중심 영어교육 (Task-based Language Teaching in the EFL Context)

여러 가지 면에서 전통적인 문법중심의 언어교육과는 많이 다른 과제중심 언어교육에서는 언어 형식의 부분 부분에 초점이 맞춰지는 것이 아니라, 언어가 사용되어야 할 기능적인 목적(functional purposes)에 초점이 맞춰진다. 다시 말하자면 과제중심 언어교육에서는 실제 세상에서 일어날 수 있는 다양한 과제들 자체에 초점이 맞춰진다(Nunan, 1991).

대부분의 EFL 상황의 경우 적어도 현재의 여건에서는 과제중심 영어교육이 전통적인 영어교수법을 완전히 대체할 수 있기를 바라는 것은 결코 합리적이지 못한 생각이다. 과제중심 영어수업을 할 수 있기 위해 필요한 커리큘럼도 개발되지 않았을 뿐만 아니라, 그런 종류의 영어수업을 할 수 있을 정도로 교사 교육이 이루어진 것도 아니며, 그 외의 다른 여건들도 맞지 않는 경우가 많다. 더구나 EFL 상황에서는 ESL 상황에는 없는 너무도 많은 한계들이 존재하기 때문에 더욱 그렇다.

하지만 EFL 환경의 이러한 한계에도 불구하고 EFL교실에서 과제중심 영어교육을 완전히 배제하는 것 또한 합리적이지 못하기는 마찬가지이다. 왜냐하면 우리의 일상생활 자체가 과제 수행의 연속으로 이루어져 있고 또한 과제중심 영어교육이 목표언어의 의사소통능력 발달에 있어서 중요하다는 연구 결과들이 많이 있기 때문이다. 따라서 이를 영어수업에 반영하고자 노력을 기울여야 하는 것은 당연한 일일 것이다. 결국 EFL 교사들에게 필요한 것은 과제중심 영어 교육에 대해 현재보다 많은 관심을 갖는 것이며, 또한 적어도 부분적으로는 ELF 교실에서도 과제중심 수업이 실시 가능하다는 인식을 갖는 것이다.

어떤 상황(context)에서 가르치느냐가 가르치는 방법에 영향을 미친다는 사실을 부정할 사람은 아무도 없을 것이다. 잘 알려진 바대로 상황적인 요인은 여러 가지 중요한 방법으로 가르치고 배우는 데 영향을 미친다. 따라서 새로운 교수방법을 적용하기 위해서는 이러한 상황적인 요인들의 영향을 먼저 고려해야 할 것이다. 최근 언어교수에서 상황이 미치는 영향에 대한 인식과 함께 언어 환경의 중요성에 대한 연구들이 많이 나타났다(예: Bax, 2004; Gass, Mackey, & Ross-Feldman, 2005; Heyes, 2009; Hu, 2005; Serrano, Llanes, & Tragant, 2011). 이러한 연구들에 의하면, 교수법과 그 교수법이 적용되어야 할 특정 상황과의 관계는 서로 분리될 수 없다고 한다. 이렇게 상황적인 요인과 교수법 간의 상호작용이 중요하다는 점을 감안한다면 그 어떤 수업 디자인도 이러한 상황의 영향을 무시하고는 제대로 된 수업 효과를 거둘 수가 없을 것이다.

상황적인 요인들이 교수법에 미치는 영향에 대한 인식에도 불구하고 많은 EFL 교사들은 자신의 교실 상황에 대해 잘 알지도 못하는 외부 사람들에 의해 개발된 새로운 교수법을 자신의 교실에서 적용하기를 강요받는 경우가 종종 있다(Carless, 2003). 그 결과, 많은 EFL 상황에 존재하는 다양한 제약들, 예를 들면 부족한 언어 입력, 제한된 언어사용의 기회, 많은 학생 수, 시험 위주의 학습, 언어형식 위주의 학습에 대한 선호, 부족한 수업 시간, 등등이 무시될 뿐만 아니라, 이러한 제약들을 극복하고자 하는 노력조차도 이루어지지 않은 채 새로운 교수법이 강요되는 경우가 있다.

ESL 상황에서는 존재하지 않는 다양한 제약들을 감안한다면 EFL 상황에서는 ESL 상황에서의 영어를 가르치는 방식을 그대로 따라하는 것은 결코 바람직하지 못할 것이다(Carless, 2007). 왜냐하면 그런 방식이 EFL 상황에서 적용되기 위해서는 교사와 학생의 역할뿐만 아니라 커리큘럼과 교수법 등에 있어서도 근본적인 변화가 있어야 하기 때문이다. Ellis(2003a)가 지적하듯이, 과제중심 교수법은 Anglo-American 상황에서 유래된 방식이며, 따라서 서구 사회를 벗어나서는 잘 맞지 않는 방식일 수 있다. 이런 점에서 우리가 만약 과제중심 언어교육으로부터 어떤 긍정적인 교육적 변화를 기대한다면 과제중심 언어교육과 아마도 교사들이 가장 편하게 느끼고 그래서 계속 사용하고 있는 전통적인 교수방식 간의 조정이 필요할 것이다(Hu, 2005). 이러한 조정의 일환으로, 적어도 현재로서는 전면적인 과제중심 언어교육 실시는 무리가 있으며 부분적인 도입이 권장된다고 하겠다.

제3장 과제중심 언어교육의 이해

1. 과제의 정의
2. 과제의 구성요소
3. 과제의 유형

1. 과제의 정의

지난 수 십 년 동안 '과제(task)'라는 용어는 커리큘럼 계획이나, 교실에서의 실천, 그리고 평가를 포함한 언어교육 전반에 걸쳐 중요한 구성요소로 자리매김 하였다. 하지만 '과제'라는 용어는 그동안 여러 학자들에 의해 다양하게 정의되어 왔으며, 모두가 동의하는 한 가지 정의란 아직 존재하지 않는 실정이다(Ellis, 2003a). '과제'에 대한 이렇게 다양한 정의들에 대해 Richards(2001)는 때로 그 정의가 너무 광범위해서 학습자가 하는 거의 모든 것을 포함하며, 학습자를 위해 과제를 디자인하고 선정하는 것이 아직은 명확하지 않다고 주장한 바 있다.

'과제'란 용어의 다양한 정의들에도 불구하고 한 가지 분명한 점은 의사소통중심 교수법의 한 갈래(Kumaravadivelu, 2006)라고 할 수 있는 과제중심 언어교육이 언어교육의 여러 분야에 영향을 미쳤다는 것이다. 이는 계속 늘어나는 관련 문헌들을 보더라도 잘 알 수 있다. '과제'에 대해서 몇몇 학자들이 내리고 있는 정의를 소개하자면 다음과 같다.

> "... any structural language learning endeavour which has a particular objective, appropriate content, a specified working procedure, and a range of outcomes for those who undertake the task. 'Task' is therefore assumed to refer to a range of workplans from the simple and brief exercise type, to more complex and lengthy activities such as group problem-solving or simulations and decision making."
> (Breen, 1987, p. 23)

> "A task is an activity which requires learners to use language, with emphasis on meaning, to attain an objective."
> (Bygate, Skehan, & Swain, 2001, p. 11)

> "A task is a workplan that requires learners to process language pragmatically in order to achieve an outcome that can be evaluated in

terms of content (rather than language)."
(Ellis, 2003b)

"[a task is] a piece of work undertaken for oneself or for others, freely or for some reward. Thus, examples of tasks include painting a fence, dressing a child, filling out a form, buying a pair of shoes, making an airline reservation, borrowing a library book, taking a driving test, typing a letter, weighing a patient, sorting letters, taking a hotel reservation, writing a cheque, finding a street destination and helping someone across a road."
(Long, 1985, p. 89)

"A piece of classroom work which involves learners in comprehending, manipulating, producing or interacting in the target language while their attention is principally focused on meaning rather than form."
(Nunan, 1989, p. 10)

"An activity which required learners to arrive at an outcome from given information through some process of thought, and which allowed teachers to control and regulate that process, was regarded as a 'task'.
(Prabhu, 1987, p. 24)

"[a task is] an activity or action which is carried out as a result of processing or understanding language (i.e. as a response). For example, drawing a map while listening to a tape, listening to an instruction and performing a command, may be referred to as tasks. Tasks may or may not involve the production of language. A task usually requires the teacher to specify what will be regarded as successfully completion of the task. The use of a variety of different kinds of tasks in language teaching is said to make language teaching more communicative. . . since it provides a purpose for a classroom activity which goes beyond the practice of language for its own sake."
(Richards, Platt & Weber, 1986, p. 289)

> "A task is an activity which learners carry out using their available language resources and leading to a real outcome."
> (Richards & Renandya, 2002, p. 94)

이상에서 소개한 과제의 정의들을 보면 기술 내용의 차이에도 불구하고 한 가지 공통되는 점이 있다는 것을 알게 된다. 즉, 모든 정의들이 함축하는 바는 '과제'란 사용자의 주의를 언어 구조에 초점을 두고 있는 것이 아니라, 의미에 초점을 두고 있는 의사소통적 언어사용을 수반한다는 것이다.

2. 과제의 구성요소

과제는 여러 가지 구성요소로 이루어져 있다. Wright(1987)에 의하면 과제는 적어도 두 가지 요소, 즉 입력 자료(input data)와 학습자들이 수행할 일에 대한 초기 질문을 포함하고 있어야 한다고 한다. 또한 Candlin(1987)은 과제는 입력(input), 역할(roles), 배경(settings), 활동(actions), 모니터링(monitoring), 결과물(outcomes), 그리고 피드백(feedback)을 포함해야 한다고 한다. 이 중에서 '입력'은 학습자가 과제를 수행할 수 있도록 제공된 자료를 의미하며, '역할'은 과제 수행 참여자들의 관계를 나타내는 것이다. '배경'은 과제 수행에 포함된 교실 및 교실 밖의 환경을 의미하며, '활동'은 학습자들에 의해 수행되어야 할 절차 및 하위 과제들을 의미한다. '모니터링'은 진행 중인 과제의 감독을 의미하며, '결과물'은 과제의 목적을 의미한다. 마지막으로 '피드백'은 과제에 대한 평가를 의미한다.

한편 Nunan(1989)도 과제의 여섯 가지 구성요소를 언급하였는데, 즉, 목적(goals), 언어적 혹은 비언어적 입력(input, verbal or nonverbal), 활동

(activities), 교사의 역할(teacher role), 학습자의 역할(learner role), 그리고 배경(setting)이 그것들에 해당한다. 이 여섯 가지 구성요소에 대해 좀 더 상세히 기술하자면, 우선 '목적(goals)'은 학습 과제 수행을 통하여 학습자들이 성취하고자 하는 것을 일컫는다. 이러한 목적은 과제로부터 추정할 수 있기 때문에 반드시 명시적으로 기술되어야 하는 것은 아니라고 한다. Clark(in Nunan, 1991, p. 49)에 의하면 이러한 과제의 목적에는 네 가지 종류가 있다고 하는데, '의사소통적인 목적(communciative goals)', '사회문화적인 목적(socio-cultural goals)', '학습 방법에 대한 학습 목적(learning-how-to-learn goals)', 그리고 '언어적 문화적 자각을 위한 목적(language and cultural awareness goals)'이 바로 그것들이다. 이를 좀 더 상세히 기술하자면 우선 '의사소통적인 목적'은 사람들 간의 관계를 형성하고 유지함으로써 정보와 아이디어, 의견, 태도 그리고 감정의 교환이 일어날 수 있게 되는 것을 지칭하며, '사회문화적인 목적'은 목표언어 사회의 일상생활 패턴을 이해하는 것을 의미하며, '학습 방법에 대한 학습 목적'은 계획을 세우고 목표를 달성하기 위해 방법을 찾는 능력을 의미하며, 마지막으로 '언어적 문화적 자각을 위한 목적'은 목표언어 체계를 이해하고 그것이 어떻게 작용하는지를 이해하는 것을 의미한다.

과제의 또 하나의 구성요소인 '입력(input)'은 그림으로 구성된 이야기나 사진, 그림, 쇼핑리스트, 소책자, 거리지도, 조리법, 신문기사, 신문잡지의 논설, 그림엽서 등, 과제를 수행하기 위한 출발점으로 사용되는 모든 자료를 지칭한다. '입력'이라는 구성요소와 밀접한 관련이 있는 구성요소인 '활동(activities)'은 이러한 입력을 이용하여 학습자가 실제 수행하는 것을 지칭한다. Nunan(1991)은 이러한 과제활동의 세 가지 특징으로 실제 세상에 대한 리허설, 언어기술 사용, 그리고 유창성/정확성을 꼽고 있다.

과제의 또 다른 구성요소인 '교사 역할(teacher role)'과 '학습자 역할(learner role)'은 교사와 학습자가 각각 맡아야 할 역할을 말한다. 수업에서 과제를 사용함에 있어서 교사가 담당해야 할 역할은 두 가지로 볼 수 있는데(Breen & Candlin, 1980), 그 중 하나는 교실 안의 모든 학습자들이 다양한 활동을 하는 데 있어서 서로 간의 의사소통이 원활히 될 수 있도록 도와주는 것이며, 또한 활동을 위해 사용되어야 할 텍스트 자료들을 학습자들이 잘 이해할 수 있도록 도와주는 것이며, 또 하나는 교사 스스로도 해당 교수-학습 집단에서 한 명의 독립된 참여자로 행동하는 것이다.

과제의 마지막 구성요소인 '배경(setting)'은 특정한 과제에 맞도록 교실을 정돈하는 것을 의미한다. 그리하여 과제활동은 부분적으로 혹은 전체적으로 교실 내에서 또는 교실 밖에서 이루어질 수 있고, 또한 과제활동은 전체 학생들이 함께 할 수도 있고, 아니면 모둠별로, 짝별로, 또는 개별적으로 할 수도 있다.

3. 과제의 유형

과제중심 언어교육 분야에서 그동안 소개되어 온 과제 유형들을 분석해 보면 대략 다섯 가지로 분류된다. 즉, 1) 직소(jigsaw) 과제; 2) 정보 차(information gap) 과제; 3) 문제해결(problem-solving) 과제; 4) 의사결정하기(decision-making) 과제; 그리고 5) 의견 교환(opinion exchange) 과제가 그것들이다. 이 유형들을 좀 더 상세히 설명하자면, 우선 직소(jigsaw) 과제는 각각의 참여자들이 부분적으로 가진 서로 다른 정보를 교환하고(exchange) 조작하여(manipulate) 전체 정보로 완성하는 활동이며, 다음으로 정보 차(information gap) 과제는 한 사람의 참여자가 정보를 가지고 있고 다른 참여자(들)는 과제를 완성하기 위해 그 정보를 필요로 하기 때문에 서로 상호작용해야 하는 활동이다. 한편 문제해결(Problem-solving) 과제는 한 가지 문제 해결책을 도출하기 위해 모두가 함께 상호작용하는 활동이며, 의사결정하기(decision-making) 과제는 여러 가지 가능한 결과 중에서 하나를 선택하기 위해 참여자들이 활동하는 것을 의미한다. 마지막으로 의견교환하기(opinion exchange) 과제는 참석자들이 어떤 주제에 대해 토론이나 의견을 교환하는 활동을 의미한다.

이상과 같이 다양한 유형의 교수 과제들(pedagogic tasks)이 있지만, 학습자들 집단에 따라 적절한 유형의 교수 과제가 있을 수 있으므로 (Nunan, 1991) 교사들은 이러한 유형들 중에서 자신이 가르치는 학생들에게 보다 적합한 유형들은 어떤 것인지에 대해 생각할 필요가 있을 것이다. 독자의 이해를 돕기 위하여 다음 장에서는 위에서 제시한 다섯 가지 유형의 교수 과제들의 실제 수업 예시를 소개하였다.

제4장 교수 과제 유형별 예시

1. 직소(Jigsaw) 과제
2. 정보 차(Information Gap) 과제
3. 문제 해결(Problem Solving) 과제
4. 결정하기(Decision Making) 과제
5. 의견 교환(Opinion Exchange) 과제

1. 직소 과제(Jigsaw Task)의 예

1) 과제 : 외국인 방문객들에게 한국 소개하기 (모둠활동)

학생들은 조만간 외국인들이 자신들의 학교를 방문한다고 가정하고 그들에게 한국에 대해서 소개하는 과제를 받는다. 직소 퍼즐(jigsaw puzzle - 조각그림 끼워 맞추기)에서와 마찬가지로 각 조각 - 즉 각 학생들이 맡은 부분 - 이 전체 과제를 완성하고 또한 그 과제를 완전히 이해하는 데 기본적인 요소가 된다. 한 조각이라도 없으면 과제가 완성되지 못하기 때문에 각 학생이 맡은 하나하나가 모두 중요하다.

2) 단계

(1) 모둠 구성:

전체 학생들을 5~6명씩 모둠으로 나눈다. 예를 들어 학급 총 인원수가 30명인 경우 학생들을 6명씩 총 5개 모둠, 또는 5명씩 총 6개 모둠으로 나눌 수 있을 것이다.

(2) 과제 수행을 위한 역할 분담:

각 모둠의 구성원들이 "한국 소개하기" 과제에 대해 각자 역할을 분담한다. 예를 들면 다음과 같이 '한국의 역사', '한국의 지리', '한국의 기후' '한국의 음식', '한국의 경제', '한국의 관광' 등에 대하여 각자 역할을 분담할 수 있을 것이다. 여기서 각자가 분담한 분야들이 조각에 해당하며, 이 조각들을 모으면 한국을 소개하는 데 필요한 전체 정보가 완성되는 것이다.

<모둠 A>

구성원 A-1: 한국의 역사
구성원 A-2: 한국의 지리
구성원 A-3: 한국의 기후
구성원 A-4: 한국의 음식
구성원 A-5: 한국의 경제
구성원 A-6: 한국의 관광

<모둠 B>

구성원 B-1: 한국의 역사
구성원 B-2: 한국의 지리
구성원 B-3: 한국의 기후
구성원 B-4: 한국의 음식
구성원 B-5: 한국의 경제
구성원 B-6: 한국의 관광

<모둠 C>

구성원 C-1: 한국의 역사
구성원 C-2: 한국의 지리
구성원 C-3: 한국의 기후
구성원 C-4: 한국의 음식
구성원 C-5: 한국의 경제
구성원 C-6: 한국의 관광

<모둠 E>

구성원 E-1: 한국의 역사
구성원 E-2: 한국의 지리
구성원 E-3: 한국의 기후
구성원 E-4: 한국의 음식
구성원 E-5: 한국의 경제
구성원 E-6: 한국의 관광

<모둠 D>

구성원 D-1: 한국의 역사
구성원 D-2: 한국의 지리
구성원 D-3: 한국의 기후
구성원 D-4: 한국의 음식
구성원 D-5: 한국의 경제
구성원 D-6: 한국의 관광

(3) 과제 전 활동(Pre-task Activity)

구성원 각자는 자신이 맡은 분야에 대해서 정보를 수집하여야 한다. 이렇게 각자가 수집한 조각 정보들을 한데 모아서 전체 정보를 만드는 것이다. 이 정보 수집을 위해서는 시간이 필요하다. 따라서 이 부분은 교실에서의 과제활동(Task Activity) 이전에 각 구성원들이 과제 전 활동(Pre-task Activity)으로 미리 준비해야 할 부분이다. 여기서 구성원 각자가 수집한 정보는 '한국 소개하기' 과제를 완성하는 데 매우 중요한 역할을 한다. 이는 곧 구성원 한 사람 한 사람이 매우 중요하다는 뜻이 된다. 물론 학생들이 이 과제 전 활동을 제대로 하게 하기 위해서는 교사가 정보 제공 등 도와야 할 부분이 있으면 도와야 할 것이다.

(4) 과제활동(Task Activity)

① 전문가 팀 모임

각 구성원은 자신이 수집한 정보를 자신이 속한 모둠에 바로 전달하지 않는다. 그 대신 같은 분야의 정보 수집 임무를 맡은 다른 모둠의 구성원들과 함께 각자가 구한 정보를 공유하고 해당 분야의 전문가들이 되어 발표(presentation) 연습도 한다. 이렇게 함으로써 개인 구성원이 수집한 원래 정보보다 그 분야에 관한 훨씬 정확하고 풍부한 정보를 각자 갖게 된다. 이렇게 해서 모인 아래와 같은 구성원들의 모임을 전문가팀(expert team)이라고 일컫는다. 모둠의 각 구성원들은 자신의 분야에서 모두 전문가이다.

<역사 전문가 팀>
구성원 A-1
구성원 B-1
구성원 C-1
구성원 D-1
구성원 E-1

<지리 전문가 팀>
구성원 A-2
구성원 B-2
구성원 C-2
구성원 D-2
구성원 E-2

<기후 전문가 팀>
구성원 A-3
구성원 B-3
구성원 C-3
구성원 D-3
구성원 E-3

<음식 전문가 팀>
구성원 A-4
구성원 B-4
구성원 C-4
구성원 D-4
구성원 E-4

<경제 전문가 팀>
구성원 A-5
구성원 B-5
구성원 C-5
구성원 D-5
구성원 E-5

<관광 전문가 팀>
구성원 A-6
구성원 B-6
구성원 C-6
구성원 D-6
구성원 E-6

② 모둠 구성원 교육

각 모둠의 구성원들은 각자 자신이 맡은 분야에 대해 전문가 팀 모임을 통해 서로 교환하고 다듬은 해당 분야의 정보를 자신이 속한 모둠의 구성원들에게 설명한다. 이 때 나머지 구성원들은 설명 내용에 대해 메모를 한다. 각 구성원들의 분야별 설명 덕분에 모둠의 모든 구성원들은 주어진 과제 '한국 소개하기'에 대한 전체 정보를 소유하게 된다. 즉, jigsaw(조각 끼워맞추기)라는 이름이 의미하는 것처럼 개인 구성원들이 준비한 한국에 대한 조각 정보들이 모여서 한국을 소개하는 데 필요한 전체 정보를 이루게 되는 것이다.

(5) 과제 후 활동(Post-task Activity)

① 평가

과제가 완성되고 나면 과제 내용에 대한 이해도 평가를 실시한다. 물론 모든 학생들이 참여하여야 한다. 이 평가의 주요 목적의 하나는 모든 학생들로 하여금 자신이 속한 모둠 구성원들 개개인의 설명을 열심히 듣게 하는 데 있다. 자기가 맡은 것만 열심히 한다고 해서 좋은 점수를 받을 수 있는 것이 아니기 때문에 모든 학생들은 모둠의 한 구성원으로서 자신의 역할도 충실히 해야 하지만 다른 사람의 말을 열심히 듣는 것도 중요하다. 각자 다른 사람에게 의존해야 하고, 다른 사람의 말을 열심히 듣지 않으면 결코 좋은 평가 결과를 기대할 수 없게 된다. 이는 곧 학생들로 하여금 학급 내 다른 학생들과의 상호작용을 수월하게 해주며 또한 공통 과제를 수행하는 데 중요한 기여자로서 서로를 소중하게 여기게 만드는 효과가 있다.

〈평가지의 예〉

Name:		Score:
※ Please write down what you have learned from the group task.		
A	History	
B	Geography	
C	Weather	
D	Foods	
E	Places to Visit	

위의 예는 과제 수행이 끝난 뒤 학생들에게 실시하는 평가를 위한 평가지의 한 형태이다. 모둠 구성원들이 각자 전문가로서 자신이 알고 있는 정보를 모둠 구성원들에게 전달한 것을 잘 이해했는지에 대한 평가이다. 평가에서 좋은 점수를 얻기 위해서 학생들이 모둠 구성원들이 하는 말을 열심히 듣지 않을 수 없게 만드는 효과가 있다.

② 발표

평가가 끝난 뒤 각 전문가 팀은 자신들의 전문 분야에 대해 발표를 함으로써 수업을 마무리 한다. 이 때 학생들의 이해를 돕고 수업을 보다 흥미롭게 하기 위해 전문가 팀 모임 시에 준비하게 했던 그림이나 사진 등을 동원하여 발표하게 한다. 이 발표를 위하여 전문가 팀들은 전문가 모임 시에 발표 연습도 이미 한 바 있다.

③ 숙제

각 학생들은 자신이 속한 모둠의 과제활동 결과에 대해 요약하여 쓰기를 숙제로 하고 그 다음 시간에 제출한다.

2. 정보 차 과제(Information Gap Task)의 예

1) 과제: 책 위치 묘사하기 (짝활동)

정보 차 과제(information gap task)는 학생들로 하여금 서로 가진 정보가 다르기 때문에 상호작용을 통해서 필요한 정보를 얻게 만드는 과제이다. 예를 들어 아래의 경우처럼 학생들은 자신이 가진 책꽂이 그림(A 혹은 B)에서 각 책의 위치에 대해서 짝에게 위치를 묘사해주고 짝은 해당 위치에 그 책의 번호를 적어 넣는 활동이다.

A.

⑦ (above the 4th column)

<table>
<tr><td></td><td>⑥</td><td></td><td></td><td></td><td>②</td></tr>
<tr><td></td><td>①</td><td></td><td></td><td></td><td></td></tr>
<tr><td></td><td>③</td><td></td><td></td><td></td><td></td></tr>
<tr><td>④</td><td></td><td></td><td></td><td></td><td></td></tr>
<tr><td></td><td></td><td></td><td></td><td>⑤</td><td></td></tr>
</table>

<table>
<tr><td></td><td></td><td></td><td></td><td></td><td></td></tr>
<tr><td></td><td></td><td></td><td></td><td></td><td></td></tr>
<tr><td></td><td></td><td></td><td></td><td></td><td></td></tr>
<tr><td></td><td></td><td></td><td></td><td></td><td></td></tr>
<tr><td></td><td></td><td></td><td></td><td></td><td></td></tr>
</table>

<The subjects>

① Korean
② math
③ biology
④ history
⑤ chemistry
⑥ music
⑦ art

B.

<table>
<tr><td></td><td></td><td></td><td></td><td></td><td></td></tr>
<tr><td></td><td></td><td></td><td></td><td></td><td></td></tr>
<tr><td></td><td></td><td></td><td></td><td></td><td></td></tr>
<tr><td></td><td></td><td></td><td></td><td></td><td></td></tr>
<tr><td></td><td></td><td></td><td></td><td></td><td></td></tr>
</table>

⑭ (above the 3rd column)

<table>
<tr><td></td><td></td><td></td><td>⑧</td><td></td><td></td></tr>
<tr><td></td><td>⑬</td><td></td><td></td><td></td><td>⑨</td></tr>
<tr><td></td><td>⑩</td><td></td><td></td><td></td><td></td></tr>
<tr><td></td><td></td><td></td><td></td><td></td><td></td></tr>
<tr><td></td><td>⑪</td><td></td><td></td><td></td><td>⑫</td></tr>
</table>

<The subjects>

⑧ English
⑨ ethics
⑩ physics
⑪ social studies
⑫ geography
⑬ Chinese
⑭ computer science

2) 단계

(1) 과제 전 활동(Pre-task Activity)

과제활동(task activity)이 학습자들의 학습과정에 효과적인 것이 되게 하기 위해서는 과제 전 활동(pre-task activity)과 과제 후 활동(post-task activity)이 모두 필요하다. 이 중에서 과제 전 활동은 짝끼리 해야 하는 본 활동의 준비 단계이다. 이 준비 단계에서 교사는 과제활동을 위해 필요한 어휘나 표현에 대해 학생들을 준비시켜야 한다. 학생들이 알지 못하는 어휘나 표현을 사용하기를 바랄 수는 없기 때문이다.

전체 학생들을 대상으로 교사가 두 그림에 있는 책을 몇 권 선택하여 학생들에게 어떻게 위치를 묘사하는 것인지 직접 시범을 보이고 학생들은 듣는다.

〈예〉

T: "We have two bookcases here. Each bookcase is full of books. Let's see where these books are. Can anyone describe where the Korean book is?" (왼쪽 책꽂이의 ①을 가리킨다)
(No volunteers)

T: "Well, no volunteers. Then, let me tell you where the book is. It is on the left bookcase. It is on the second shelf from the top. It is the second one from the left."

T: "Now, where is the geography book?" (Pause. No answer.)
"It is on the right bookcase. It is on the bottom shelf. It is the first one from the right."

이 때 교사가 사용하는 표현들은 곧 이어 있을 학생들의 짝활동에서 쓸 수 있는 언어 모델이 된다. 만약 교사의 이런 모델 제공 없이 학생들에게 바로 요구하면 아마 아주 우수한 학생들 외에는 이 활동을 할 수 있는 학생들이 드물 것이다. 따라서 모델 제시로 학생들의 활동을 돕는 것이 반드시 필요하다.

다음으로, 잘 하는 학생 1~2명을 지명해서 해보게 한다. 또는 직접 해보고 싶은 학생이 있는지 손을 들어보라고 해서 기회를 줘도 좋다. 마지막으로, 전체 학생들에게 일제히 또 다른 위치의 책을 묘사해보게 한다. 이 때 잘 안 되는 부분은 물론 교사가 도와줘야 한다.

(2) 과제활동(Task Activity)

① 학생들의 짝활동이 시작되기 전 교사가 학생들에게 주지시킬 것은 서로 그림을 보여 주어서는 안 되며, 위치를 묘사하는 학생과 상대 학생은 서로 질문을 주고받을 수 있다는 점이다. 다시 말하자면, 그림을 묘사하는 학생뿐만 아니라 상대방 학생도 얼마든지 말을 할 수 있다. 가령 위치 묘사가 명확하지 않을 경우 되묻는 질문을 할 수 있으며, 이에 대한 답을 할 수 있다는 점을 주지시킴으로써 상호작용을 극대화 한다.

※ 중요한 것은 각자 짝활동이 끝나고 난 뒤 교사가 반드시 다른 학생들 앞에서 점검(public check)을 한다는 것을 학생들에게 주지시키는 일이다. 그러지 않고는 학습활동이 자칫 교사의 눈을 피해가며 노는 시간쯤으로 생각하는 학생들이 생길 수 있다. 이는 해당 학생 자신에게도 좋지 않을 뿐 아니라 전체 수업 분위기마저 흐릴 수 있으므로 가볍게 생각해서는 안 된다. 효과적인 수업을 위해서는 학생들을 어느 정도 긴장시키고 집중하게 만드는 교수전략이 필요하다.

② 학생들은 짝활동을 통해서 각 책의 위치를 상대 학생에게 묘사해 주고 상대 학생은 해당 위치에 그 책의 번호를 적어 넣는다. 한 학생이 묘사를 완성하고 나면 상대 학생과 역할을 바꾸어서 계속한다.

③ 학생들이 짝활동을 하는 동안 교사는 앞에 가만히 있지 말고 교실

내를 돌아다니며 학생들이 학습활동을 열심히 하고 있는지, 어려움을 느끼는 학생은 없는지 점검하고 필요하면 도움을 주어야 한다.

④ 해당 활동을 위해 예정된 시간이 지나면 완성하지 못한 학생들이 있어도 활동을 중단시킨다. 그리고 학생들에게 완성을 못해도 상관이 없다고 말 해준 뒤, 완성하지 못한 것은 집에서 스스로 해보라고 권한다. 이를 위해 교사의 웹 사이트에 오늘 학습한 내용을 올려놓겠다고 얘기하여 완성하지 못한 학생들이 심리적으로 불안해하지 않도록 배려한다.

(3) 과제 후 활동(Post-task Activity)

① 학습한 내용 이해도 측정을 위한 퀴즈 보기

과제 후 활동은 과제활동과 반드시 같은 수업 시간 내에 이루어질 필요는 없다. 과제활동의 효과를 높이기 위해 포함되어야 할 과제 후 활동은 과제 내용에 대한 이해도 평가, 심화 활동을 통한 내재화 등, 다양한 형태가 가능하다. 퀴즈는 과제활동 후 바로 실시해도 좋으며, 그 다음 수업 시작 시에 실시해도 좋다. 평가에 민감한 학생들에게는 퀴즈를 본다는 것 자체가 학습활동에 대한 집중력을 높이는 효과를 갖는다.

② 책꽂이 위에 꽂힌 책의 위치 묘사하기

숙제로 자신의 현재 책꽂이나 상상 속의 책꽂이 그림을 그리고 그 책꽂이에 꽂힌 5권의 책의 위치에 대해 묘사하게 한다. 이러한 활동은 교실에서 배운 내용을 실제 생활과 연관 짓는 효과를 가지며, 학생들 개개인에게 보다 의미 있는 학습의 기회를 제공하고 또한 학습자 자율성을 기르는 데 필요하다.

3. 문제 해결 과제(Problem Solving Task)의 예

1) 과제: 열쇠가 없어 집에 들어갈 수 없는 문제가 발생하였을 때 가능한 해결책 모색하기 (모둠활동)

살아가면서 경험할 수 있는 문제를 제기하고 그에 대한 해결책을 강구하는 과정에서 학생들은 상호작용을 하게 된다.

Problem: You are a student living away from home. One day, you find you've lost your key to your place and you are locked out at night. No one else has the key.

2) 모둠 구성

이 과제를 위하여 학생들은 5~6명씩으로 이루어진 모둠을 구성한 후 한 모둠 구성원에게 위와 같은 문제가 발생했다고 가정하고 이 문제에 대해 아이디어를 나누고 해결책을 모색한다.

3) 단계

(1) 과제 전 활동

① 학생들의 일상생활에 대한 질문하기

교사는 학생들을 대상으로 다음 예와 같이 오늘의 주제와 관련된 질문을 하고 답을 구한다.

〈예〉

T: These days, many moms also have a job and when their children return home from school, it often happens that nobody is at home. Let me ask you, when you go home, does anybody greet you? Who greets you at home? Well, I wonder how many of you have to unlock the door yourself. Raise your hand, please. How many of you have to unlock the door when you go home? (Many students raise their hand.)

T: Wow, a lot! I am so sorry about that, but it's our reality.

② 어휘 및 표현 학습

다음으로 교사는 학생들이 과제활동을 하는 데 도움이 될 어휘나 표현을 복습하거나 배울 수 있는 기회를 제공한다.

〈예〉

<Vocabulary/Expressions>

- I'm locked out.
- I'm locked out of my place.
- I'm stuck out of my car.
- Come over to my place.
- I lost my keys.
- She is out of town.
- She will be back by Sunday.
- I'll be in town this weekend.
- Nobody greets me at home.
- My mom is at work.
- My mom works for a company.
- She will be off at 6:00.
- She will be at work until 6:00.
- Everyone is out./No one is in.
- Let me come over and get you right away.

etc.

③ 대화 소개

교사는 다음 예와 같이 과제 관련 대화를 소개하고 그 표현들을 연습시킴으로써 학생들이 과제활동을 하는 데 도움이 되게 할 수 있다.

〈예〉

A: Patty! This is Suzi. I'm so glad you're home.
B: Hi, Suzi. What are you up to?
A: I locked myself out of my apartment.
B: Oh, no! Where are you now?
A: I'm near Wal Mart on Tropicana. I was going to the grocery shopping, but I found I left my keys at home.
B: Where's your roommate?
A: She's out of town. She won't be back until Sunday night!
B: Oh, dear! Can the building superintendent let you in?
A: Yeah, but the problem is that I can't find him right now!
B: Well, let me come over and get you. Why don't we go out for lunch first and then look for the superintendent?
A: Okay. Thanks a lot, Patty!

(2) 과제활동

① 문제가 발생한 구성원 정하기

모둠 별로 한 구성원(A)을 정하여 그에게 위에서 기술한 바와 같은 문제가 발생하였다고 가정한다. 교사는 구체적인 문제 내용을 A에게만 주며 다른 학생들은 A에게 질문을 던짐으로써만 그 내용을 알 수 있다. 이 때 A는 구성원들의 질문에 모두 답을 해야 하기 때문에 모둠 구성원들 중 영어가 가장 유창한 학생으로 정하는 게 좋다.

② 가능한 해결책에 대한 리스트 작성하기

A는 자신의 문제에 대해 영어로 모둠 구성원들에게 설명을 하고 나머지 구성원들은 질문을 해가며 가능한 해결책에 대해 각자 자신의 아이디어를 내어놓는다. 이 때 한 구성원이 내어 놓은 아이디어에 대해 A

를 포함한 다른 구성원들은 찬성이나 반대 의견을 말할 수 있다. 그 결과 모두가 괜찮다고 동의한 아이디어만을 해결책으로 정한다. 해결책은 한 가지 이상일 수 있으며, 제시된 아이디어를 해결책으로 선택하지 않을 경우 A는 그 이유를 제시해야 한다.

〈문제에 대한 해결책 작성표의 예〉

Group: B		
Ideas proposed	*Reason(s) not selected*	*Solutions selected*
Call your mom.	I live far away from home and I don't want to worry my mom.	
Call your friend and ask if you can spend the night at her/his place.		V
Call 119 and ask for help.	I don't want to make it big.	
Call a locksmith and have him open the door.	I'm afraid it's late and he closed his shop.	
etc.		

③ 제시된 아이디어와 해결책에 대한 모둠 별 구두 발표

위의 작성표 내용을 바탕으로 각 모둠은 구두 발표를 한다. 발표 내용은 제시된 아이디어들과 그 중 채택되지 못한 아이디어들에 대한 이유, 그리고 채택된 해결책들을 포함해야 한다. 발표는 가능하면 모든 구성원들이 참여할 수 있도록 하는 것이 좋으며, 그러기 위해서는 각자 발표 내용의 부분들을 분담하게 한다.

(3) 과제 후 활동

① 액션시리즈 소개

교사는 과제 내용과 관련된 액션시리즈를 제공함으로써 학생들이 생활영어에 보다 익숙해지도록 한다. 이러한 액션시리즈는 실생활 속에서 영어를 접할 기회가 별로 없는 EFL 학생들에게 상황과 함께 제공되는 영어로서 시리즈로 제공되기 때문에 기억에도 도움이 된다.

(출처: 김성애. (2011). *액션시리즈로 배우는 생활영어*. 서울: 경문사)

Returning to Home

1. Get back to your apartment building.
2. Check your mailbox and take out your mail.
3. Take the elevator up to your floor.
4. Get off the elevator.
5. Unlock the door with the apartment key.
6. Turn the doorknob and open the door.
7. Take off your shoes.
8. Put the bag down.
9. Take off your coat and hang it up.
10. Go to the living room.
11. Sit on the sofa.
12. Check for message on the answering machine.

Checking the Mailbox

1. You are waiting for an important document.
2. It must arrive by today.
3. Check the mail box.
4. It's empty. The mail isn't in yet.
5. Wait for a while.
6. Check the mail box again.
7. Oh, something is in the box.
8. It must be the document.
9. Take out the mail and check if it is the document.
10. Oh, no! It is not what you want.
11. Do you think you must wait till tomorrow?
12. No! You'd better call and complain about it.

② 숙제: 자신의 문제와 해결책 소개하기

학생들은 숙제로 자신이 예전에 겪었던 문제와 그 문제를 어떻게 해결했는지에 대해 글로 쓰고 그 내용에 대해 다음 수업 시간에 발표한다. (만약 별로 쓸 내용이 없는 학생이 있을 경우에는 오늘 수업 시간에 모둠활동에서 다루었던 문제와 그 해결책에 대해 글로 쓰는 것을 허용해도 좋다.)

4. 결정하기 과제(Decision Making Task)의 예

1) 과제: 쇼핑 장소 정하기 (모둠활동)

새 학년이 되어 학생들은 나름대로 준비할 것들이 많다. 가방, 신발, 노우트, 등등. 그래서 학생들은 이번 주말에 새학년 준비를 위해 필요한 물건들을 살 계획을 세우고 모둠 별로 쇼핑할 장소와 약속 시각을 정해서 함께 가기로 한다.

2) 모둠 구성

전체 학생들을 7~8명씩 모둠으로 나눈다. 이 때 평소에 인터넷으로 쇼핑을 하거나 또는 스스로 쇼핑을 하지 않는 학생들도 있을 수 있으므로 학생들을 각 모둠에 고루 분배하기 위해 쇼핑을 스스로 하는지 또는 온라인 쇼핑을 하는지 여부에 대해 손을 들어보게 한 뒤, 모둠별로 같은 비율로 안배를 하는 것이 좋을 것이다.

3) 단계

(1) 과제 전 활동(Pre-task Activity)

① 단어 및 표현 학습

학생들의 과제활동을 보다 원활히 되게 하기 위해 쇼핑에 필요한 어휘나 표현들을 교사가 미리 제공하여 학습하게 한다.

<Vocabulary>

grocery shopping	regular price	sale price
wholesale price retail price		outlet
50% off	for sale	on sale
clearance sale	no return	refund
no second price.	cash only	cash or check?
less than 10 items	good deal	flea market
out-of-business sale	advertisement (ad)	product
help wanted	want ad	situation-wanted ad
public service ad	commercial ad	classified ad
2 for 1 dollar	seller	sales clerk
shop owner	color	design
pattern	material	function
size	guarantee	out of stock

<Expressions>

Buy one, get one free.	That's a rip-off!
These prices are just ridiculous.	I want to return this.
I want to get a refund.	Can I get a rain check?
What's the policy on refunds?	What are your hours?
I am short-changed./I'm short of changes.	
What time do you open/close?	Is this tax-free?
I can't pay that much.	I want to stay under $20.
Is this price after tax?/This price includes tax?	
What price range do you have in mind?	All I have is just 20 bucks

② 학생들의 쇼핑 습관에 대해 묻고 답하기

교사는 다음과 같은 질문들을 학생들에게 던짐으로써 학생들이 자신의 경험을 바탕으로 말을 할 수 있도록 유도한다.

Q1. When you need something, who usually gets it for you?
Q2. Where and when do you usually go for shopping?
Q3. Is anyone addicted to shopping?
Q4. Have you got anything online?
Q5. When was your latest shopping?
Where and with whom did you shop?
What did you get?
Did you like the purchase? etc.

③ 가격 비교하기 (전체 및 개별활동)

과제와 관련된 활동으로서 교사는 수업 중 학생들로 하여금 서로 다른 상점들에서 파는 물건들의 가격을 비교하며 이전에 배웠던 비교급과 최상급에 대해 한 번 더 복습할 기회를 갖게 한다. 두 문장 정도는 전체 학생들로 하여금 함께 하게 하고, 나머지는 개별적으로 완성하게 한다.

Compare the Supermarket Specials this Week

	Big Bear	Kroger	Myers
COFFEE	**lb.can $3.49**	**2 lbs. $4.89**	**2 lbs. $5.19**
RICE	**5 lb. bag ... $2.19**	**lb. box .... .69 ¢**	**1 lb. .... .89 ¢**
LETTUCE	**1 head .... .79 ¢**	**2 heads .... .99 ¢**	**1 head ... .75 ¢**
GROUND BEEF	**1 lb. $1.89**	**5 lbs package.. $7.99**	**2 lbs.. .... $3.05**
COOKING OIL	**1 qt. .... .93 ¢**	**1 qt. .... .67 ¢**	**1 gal. ..... $ 3.59**
BABY FOOD	**5 jars $1.30**	**8 jars $2.00**	**1 jar .... .29 ¢**

(Fill in the blanks below. Use phrases like CHEAPER THAN AND THE CHEAPEST; MORE EXPENSIVE THAN AND THE MOST EXPENSIVE. Find the answers in the advertisement above. The first two have been done for you.)

1. The coffee at Kroger is cheaper than the coffee at Myers.
2. The coffee at Big Bear is the most expensive ________.
3. The rice at Big Bear is ______________________.
4. The lettuce at Kroger is ______Myers and _________.
5. The ground beef at Big Bear is _________________.
6. The oil at Kroger is __________________________.
7. The baby food at Big Bear is _______________ Kroger.

(Now make three sentences of your own. Use the advertisement above.)

8.____.

9.____.

10.____.

④ 숙제: 개인별 쇼핑 습관과 계획에 대한 정보지 적어오기

개인 학생들은 숙제로 교사가 제공한 정보지에 해당 정보를 기입하고 그것을 바탕으로 글쓰기 숙제를 하여 다음 시간 수업에 제출하여야 하며, 또한 숙제 내용에 대한 발표 준비도 하여야 한다. 하지만 다음 수업 시간에 교사는 몇 명의 학생들만 지명하여 점검함으로써 수업 시간을 절약한다.

〈완성된 개인 정보지의 예〉

Name: *Hong, Kil-Dong*	
Where do you usually go for shopping?	*Kukje market*
When do you usually go there?	*on weekends*
What kind of transportation do you use?	*subway*
What do you need to buy?	*school bag, shoes*
When can you go for shopping?	*2:00PM, Saturday*

(2) 과제활동(task Activity)

① 모둠의 각 구성원들은 숙제로 적어온 위와 같은 개인 정보지를 바탕으로 모둠 구성원들에게 자신의 쇼핑 습관과 이 번 주말의 쇼핑 계획에 대해 소개한다.

② 모둠 별 쇼핑 계획서 작성하기

각 모둠의 구성원들은 각자의 쇼핑 습관과 계획에 대해 서로 얘기하고 의논을 거쳐 최종적으로 구성원들이 함께 할 쇼핑 계획서를 작성하고 발표한다. 계획서의 예는 다음과 같다.

〈완성된 쇼핑 계획서의 예〉

Group: C	Number of group members: 8
Where to go?	Se-myeon
Who will go?	Dawon, Yunhee, Taesoon Jungmin, Sunyoung
Who can't go?	Boyoung, Hyunjee, Heejung
Reasons for not joining the shopping	• Appointment • Important family schedule • Online shopping
When to go?	2:00 on Saturday
What to buy?	school bag, notebooks, socks, shoes, file box, etc.
Where to meet?	at the school gate

③ 모둠 별 쇼핑 계획 발표하기 각 모둠은 완성된 쇼핑 계획에 대하여 전체 학생들 앞에서 발표를 한다. 이때 발표 내용은 쇼핑 계획서 내용과 같으나, 각 항목별로 발표자를 정함으로써 모둠의 각 구성원이 고루 발표 기회를 갖게 하는 것이 좋다.

(3) 과제 후 활동(Post-task Activity)

① 액션시리즈 익히기

교사는 모든 학생들이 과제활동과 관련된 생활 영어 표현들을 익힐 기회를 갖게 하기 위해 액션 시리즈를 소개하고 그 표현들을 연습시킨다.

(출처: 김성애. (2011). *액션시리즈로 배우는 생활영어*. 서울: 경문사)

Shopping for a Coat

1. Winter is near at hand.
2. You need to get a new coat.
3. Look in the store windows.
4. Oh, there's a nice coat! Go inside.
5. Take a coat off the rack.
6. Take it off the hanger and try it on.
7. Look at yourself in the mirror.
8. Oh, it's too big. It's not your size.
9. Take it off.
10. Put it back on the hanger.
11. Hang it up and try on another one.
12. This one fits. Buy it.

위와 같은 액션시리즈 외에도 교사는 쇼핑과 관련된 액션시리즈를 1~2개 더 교사의 웹페이지에 소개하고 학생들로 하여금 자주 쓰이는 생활영어 표현을 익히게 한다. 정기적으로 실시되는 지필고사 평가 시에 그에 대한 문항 1~2 개만 포함하여도 학습자로 하여금 액션시리즈를 학습하게 만드는 효과는 충분히 볼 수 있다.

② 읽기 자료

과제와 관련한 읽기 자료를 제공함으로써 필요한 어휘와 표현에 학생들이 보다 많이 노출될 수 있도록 한다. 특히 아래의 두 번째 자료는 Ross상점의 Return/Exchnage policy에 관한 것인데, 학생들에게 목표언어의 문화적인 내용까지 소개할 수 있는 실제 자료이므로 학생들의 흥미를 끄는 데 도움이 된다. 물론 이 때 교사는 자료의 내용과 관련하여 목표문화와 우리나라 문화와의 차이에 대해서 설명해 줄 수 있으면 좋을 것이다.

Money-driven Society

Teens are becoming more money-oriented. Ask them what they want, and they'll answer "money." If it's not money, probably it'll be an MP3 player. However, money will soon become number one on their list. Some kids make their parents feel guilty for not having enough money. There are teens that boldly state they will be wealthy and more successful than their parents. While there is nothing wrong with wanting to be more successful than your parents, there seems to be a money-oriented mentality among our youth today that lacks appreciation for family.

Unfortunately, parents sometimes add to this mentality without even realizing the results of their good intentions. Parents want their children to have everything they did not. They often go in debt in order to accomplish that goal. What kind of message are we giving our kids about money? Are we inadvertently teaching them that money and material items should be the primary focus of life at all costs? Remember there are teens out there committing crimes for the love of money!

Source:

http://www.associatedcontent.com/article/134194/raising_children_in_a_money-driven_pg2.html?cat=25

〈Return/Exchange Policy〉

ROSS DRESS FOR LESS

RETURN/EXCHANGE POLICY

Ross Store values your business and is committed to providing you with low prices on best brands.

Refunds, Credit Vouchers, or exchanges WILL NOT be given on merchandise that is used, worn, or altered.

Full refund on merchandise accompanied by receipt within 30 days of purchase.

Merchandise returns with a receipt older than 30 days will be exchanged or credited with a Ross Credit Voucher.

Merchandise returns WITHOUT A RECEIPT WILL BE EXCHANGED ONLY at the item's current selling price.

Any purchase with a Ross Gift Certificate or Credit Voucher having change due in excess of $5.00 will have change issued in the form of a Credit Voucher.

Gift Certificates are redeemable for merchandise only.

③ 숙제

학생들은 숙제로 주말 쇼핑 계획에 대해 글쓰기를 하여 제출한다. 완성된 숙제의 예는 다음과 같으며, 교사는 학생들의 숙제를 돕기 위해 자신의 웹 페이지에 이를 게시한다. 특히 목표언어 수준이 낮은 학생들의 경우 이 예를 참고할 수 있도록 해줌으로써 숙제에 대한 부담을 줄여준다.

〈새 학기 준비에 대한 쓰기 숙제의 예〉

Name: *Hong, Kil-Dong*

Preparing for the New Semester

The new semester starts next week. But I have not prepared for the new semester yet. So, my friends and I decided to go shopping this weekend. I have a lot of things to prepare for the semester. I need a new school bag, ten notebooks, three pairs of socks, and a new pair of shoes. We decided to go to different places for lower prices. I will have to ask my mom for money for the shopping this weekend.

5. 의견교환 과제(Opinion Exchange Task)의 예

1) 과제: 교복 착용에 대한 찬반 의견 알아보기 (모둠활동)

2) 단계

(1) 과제 전 활동(Pre-task activity)

① 경험에 대해 질문하고 답하기

교사는 학생들이 교복 착용에 대해 어떻게 생각하는지 알아보기 위해 몇몇 잘 하는 학생들을 대상으로 다음과 같이 질문을 던져본다.

Q: Do you like wearing the school uniforms?

Q: Why do you like it or don't like it?

Q: Are you on the Pro side or Con side about students' wearing their school uniforms?

② 지문 읽기

교사는 과제와 관련된 읽기 지문을 제공함으로써 학생들이 과제활동에 필요한 어휘나 표현에 좀 더 익숙해지도록 준비한다. 지문의 예는 다음과 같다.

〈읽기 지문의 예〉

School Uniforms

The experts for the Pro side of the debate believe that uniforms within the school system help children to focus more on learning and less on who is wearing what. School standardized attire may also relieve the pressure students feel trying to fit in. School officials also say that uniform systems improve safety. For example, students all dressed in similar clothing help school officials and teachers recognize if someone comes on campus who doesn't belong. Experts also believe mandatory use of such a dress code reduces violence/bullying within the school.

One of the strongest arguments on the Con side is the problem of self expression and individuality. Since self expression is an important part of a child's developmental process, some experts believe that forcing uniforms is detrimental to a child's development. The results of this system are often forcing students to find other, often less appropriate ways to express themselves. Experts also conclude that stripping children of individuality with the use of uniforms is another way to force all students into one mold, when they should be celebrating and embracing individuality. The experts believe that school uniforms do not truly prepare children for the real world in which they will continue to be judged by their appearances and the choices they make within their own lives.

Source:
http://www.ucdailynews.com/schools/Are-School-Uniforms-A-Good-Or-A-Bad-Idea-99797684.html

③ 읽기 지문 요약하기

지문을 읽은 후에 교사는 개별 학생들로 하여금 지문의 내용 중 교복 착용에 대한 전문가들의 찬반 의견을 요약하여 아래와 같이 교사가 배부한 요약지에 써서 제출하게 한다. 이런 활동은 학생들로 하여금 지문 읽기를 할 때 내용에 좀 더 주의를 기울이게 할 수 있다.

〈읽기 지문 내용 요약지의 예〉

Name: ________ Experts' Opinions about School Unifroms	
Pro	Con
____________________ ____________________ ____________________	____________________ ____________________ ____________________

(2) 과제활동(Task activity)

① 모둠 구성

전체 학생들을 7~8명의 구성원들로 이루어진 모둠으로 나눈다. 가능하면 각 모둠에 찬성과 반대 의견을 가진 학생들이 섞여 있는 것이 이상적이므로 미리 전체 학생들로 하여금 찬반에 대해 손을 들어보게 한 뒤 모둠 구성에 적절히 안배하는 것도 한 가지 방법이 될 수 있을 것이다.

② 찬반 의견 말하기

각 모둠의 구성원들은 교복 착용에 대해 각자 찬성 또는 반대의 입장을 취하고, 그 이유를 말한다. 구성원들끼리 서로 찬성과 반대의 입장을 피력하는 과제활동이 끝난 후 결과지는 모둠 대표로 하여금 작성하게 할 수도 있고, 각 구성원들로 하여금 각각 작성하게 할 수도 있다. 만약 모둠 대표가 작성한다면 물론 다른 구성원들은 협조하여 결과지 완성을 도와야 한다. 모둠 구성원들의 의견을 기록할 의견 결과지의 예는 아래와 같다.

〈모둠 찬반 의견 결과지의 예〉

Group: ____________			
Pros		*Cons*	
Number of students		Number of students	
Names of students		Names of students	
Reasons	1. 2. 3. . .	Reasons	1. 2. 3. . .

(3) 과제 후 활동(Post-task activity)

① 모둠 별 구두 발표

각 모둠은 완성된 찬반 결과지 내용을 바탕으로 전체 학생들을 대상으로 구두 발표한다. 이때 한 학생이 모둠 대표가 되어 발표할 수도 있겠지만 가능하면 모든 모둠 구성원들이 함께 발표에 참여하는 것이 골고루 말할 기회를 준다는 점에서 보다 바람직할 것이다.

② 숙제

학생들에게 숙제로 오늘 학습의 주제인 교복 착용에 대하여 자신의 의견을 글로 써오게 한다. 다음 시간에 숙제 내용에 대한 구두 발표가 있다는 것을 미리 알린다. 그리고 그 다음 수업 시간에 교사는 몇몇 학생들을 지명하여 숙제 내용을 발표하게 한다. 시간 관계 상 모든 학생이 발표하게 할 수는 없다고 하더라도, 평소 학생들로 하여금 숙제를 받으면 누구든지 그 숙제 내용을 발표할 준비가 되어 있어야 한다는 인식을 갖게 함으로써 학생들이 숙제를 보다 진지하게 하도록 만드는 효과는 거둘 수 있다.

제5장 과제중심 교수요목

1. 의사소통중심 언어교육과 교수요목
2. 과제중심 교수요목의 유형 및 특징
3. 과제중심 교수요목 디자인

1. 의사소통중심 언어교육과 교수요목

교수요목(syllabus)이 무엇이냐에 대하여 그동안 여러 학자들이 정의를 내려왔다. 예를 들면 Wilkins(1981)는 교수요목을 가리켜 교수와 학습을 보다 효과적으로 만들기 위하여 교수 내용에 대해 구조화와 제시 순서를 염두에 두며 상세히 기술한 것이라고 하였고, Breen(1984)은 교사의 가르침과 학생의 배움을 통하여 성취되어야 할 것에 대한 계획이라고 정의하였으며, Yalden(1987)은 학습자들에게 노출되는 학습 내용에 대한 요약이라고 설명하였다.

의사소통중심 언어교육(Communicative Language Teaching: CLT)에서의 교수요목에 대해 구체적으로 소개하기 전에 CLT의 역사에 대해 잠시 살펴보자면, 1970년대의 첫 등장 이래 CLT는 크게 세 단계의 변화를 거쳐 왔다고 할 수 있다(Rodgers, 1990). 즉, 개념(notions)과 기능(functions)으로 대표되는 Wilkins시대와 필요 분석(needs analysis)으로 대표되는 Munby시대, 그리고 절차적 교수요목(procedural syllabus), 과정지향 교수요목(process syllabus), 과제중심 교수요목(task syllabus)으로 대표되는 Prabhu시대가 그것들이다.

CLT의 단계별 교수요목의 변화를 좀 더 상세히 살펴보면, 먼저 Wilkins시대의 개념 - 기능중심 교수요목(notional-functional syllabus)은 전통적인 일련의 문법 항목들을 또 다른 일련의 항목들이라고 할 수 있는 기능들과 개념들로 대체했을 뿐이며, 따라서 의사소통의 과정(communicative process)에 대한 관심은 부족하다는 비판을 받게 되었는데(Richards & Rogers, 1986), 이러한 교수요목들은 Type A 혹은 통합적 교수요목(synthetic syllabus)으로 일컬어졌다. 통합적 교수요목은 무엇(what)을 배우게 할 것이냐에 초점을 맞추고 있으며, 목표언어의 각 요소들을 부분으로 나누어서 하나하나 가르치는 것을 의미한다. 이러한 교수요목에 의해 학습을 할 경우 학습자가 해야 할 일은 바로 이 나뉘

어져 제시된 부분들을 통합하는 것이다(Long & Crookes, 1992). '통합적' 이란 용어는 이렇게 학습자의 입장에서 볼 때 어떻게 해야 하느냐에 대한 시각에서 나온 것이다.

한편 Munby의 아이디어는 특수 목적 영어(English for Specific purposes: ESP)의 발달을 가져오는 데 기여하였다고 볼 수 있는데, 학습자가 어떤 목적으로 외국어를 배우고자 하는지 그 필요에 대한 분석(needs analysis)을 통하여 교수요목의 내용이 결정된다. Prabhu시대는 과제를 바탕으로 한 의사소통중심 언어교육(task-based CLT)의 발달로 특징지을 수 있다. 이 task-based CLT시대에는 절차적 교수요목(procedural syllabus)과 더불어 두 가지 또 다른 유형의 교수요목들이 등장했는데, 바로 과정지향 교수요목(process syllabus)(Candlin & Murphy, 1987)과 과제지향 교수요목(task syllabus)(Long & Crookes, 1992; Nunan, 1991)이 그것들이다. 이 세 가지 교수요목들을 모두 통틀어서 Type B 교수요목 혹은 분석적 교수요목(analytic syllabuses)이라고 일컫는데, 학습자들의 입장에서 볼 때 교사에 의해 통합적으로 제시된 것을 학습자가 스스로 분석해야 한다는 뜻에서 그런 이름이 붙었다고 이해할 수 있다.

Type B 즉 분석적 교수요목들은 Type A 즉 통합적 교수요목이 학습자들로 하여금 무엇을(what) 배우게 할 것인가에 관심을 갖는 것과는 달리, 학습자들로 하여금 어떻게(how) 배우게 할 것인가에 관심을 갖는다. 이 Type B 즉 분석적 교수요목들에서는 어휘나 문장 구조, 개념, 혹은 기능과 같은 언어적인 요소들을 교수요목의 단위로 하는 것을 거부하며 그 대안으로 과제(task)를 교수요목의 단위로 채택하였는데, 따라서 이들을 과제중심 교수요목들(task-based syllabuses)이라고 부른다. Nunan(2001)에 의하면, 과제중심 교수요목들은 CLT의 한 실현 방법이라고 할 수 있다. 교수요목을 디자인 하는 과정에서 이전의 문법중심 교수요목(grammatical syllabus)이나 기능 - 개념 교수요목(functionalnotional syllabus)이나 그 외의 다른 교수요목들이 문법적, 기능-개념적, 혹은 다른 항목들의 리스트를 만드는 데 주력한 것과는 달리, 과제중심 교수요목들은 학습자의 필요에 대한 분석(need analysis)을 통해서 학습자들이 교실 밖 실제 세상에서 수행해야 할 일련의 목표 과제들(target tasks)의 목록을 만드는 데 주력하였다.

2. 과제중심 교수요목의 유형 및 특징

앞 절에서도 언급하였듯이 1980년대에 등장한 과제중심 교수요목(task-based syllabus)에는 세 가지 유형이 있다. 즉, 절차적 교수요목(procedural syllabus), 과정지향 교수요목(process syllabus), 그리고 과제지향 교수요목(task syllabus)이 그것들인데, 이들을 통틀어 일반적으로 과제중심 교수요목(task-based syllabuses)이라고 일컫는다. 이들은 이전의 교수요목들과는 다음과 같은 점에서 다르다. 즉, 주로 언어(language)와 언어사용(language use)에 대한 분석에 바탕을 둔 이전의 여러 교수요목들, 말하자면 어휘중심 교수요목(lexical syllabuses), 구조 혹은 문법중심 교수요목(structural or grammatical syllabuses), 개념 중심 교수요목(notional syllabus), 기능중심 교수요목(functional syllabuses), 그리고 관계중심 교수요목(relational syllabuses)들과는 달리, 이들 세가지 유형의 교수요목들은 일반적인 인간 학습과 외국어습득 이론에 부분적으로나마 그 이론적 바탕을 두고 있다는 점이다. 또한 이들 교수요목들은 중요한 면에서 서로 다르긴 하지만 모두 언어적인 요소들(즉, 어휘, 문법, 개념, 혹은 기능)을 분석 단위로 여기는 것을 거부하고 대신에 과제(task)라는 개념을 선택했다는 점에서 공통된 면이 있고 따라서 과제중심 교수요목이라는 같은 범주 안에 속한다.

앞서 언급하였듯이 과제중심 교수요목에 속하는 세 가지 유형의 교수요목들은 그 공통점에도 불구하고 서로 다소 다른 면도 지니고 있는데, 이를 소개하자면 다음과 같다. 먼저, Prabhu(1980)에 의해 제안된 절차적 교수요목(procedural syllabus)은 언어 구조는 의미에 초점을 맞추었을 때 가장 효과적으로 습득된다고 하는 믿음에서 출발하며, 따라서 가르치는 데 있어서 형태에 초점을 맞추는 것(focus on form)을 거부한다. 다시 말하자면 이 교수요목에서의 초점은 언어적 특징에 맞춰지는 것이 아니라 학습이나 학습자에게 맞춰진다. 이 교수요목에서는 과제나 활동은 미리 디자인되고 계획되지만 언어적 내용에 대해서는 미리 디자인하거나 계획하지 않는다. 왜냐하면 학습 과정에서 언어적 내용은 고정된 것이 아니기 때문이다.

Breen(1984)에 의해 제안된 과정지향 교수요목(process syllabus)은 절차적 교수요목보다 더 학습자중심(learner-centered)의 교수요목이라고 할 수 있다. 이 교수요목을 지지하는 학자들의 주장은, 미리 정해진 것이건 아니건 간에 모든 교수요목들은 교실의 교사와 학생들에 의해 끊임없이 재협상과 재해석이 필요하다는 것이다(Long & Crookes, 1992). 하지만 이 교수요목은 교실에서 힘(power)과 권위(authority)의 재분배와 교사와 학생 간의 역할에 있어서 기존의 교실에서와는 매우 다른 변화를 필요로 하기 때문에 지나치게 혁신적이며, 또한 어떤 사회의 경우, 교사의 권위를 중시하고 교사는 학생을 가르쳐야 할 의무가 있다는 것을 강조하는 분위기인 관계로 문화적으로 도저히 받아들여질 수 없다는 비판도 받는 것이 사실이다(Long & Crookes, 1992).

한편 과제중심 언어교육에서 등장한 세 번째 유형의 교수요목인 과제지향 교수요목(task syllabus)은 앞의 두 가지 유형보다 EFL 상황에서의 적용이 보다 용이한 것으로 간주되는데, 그 주요한 이유로는 형태에 대한 초점(focus on form)을 배제하지 않기 때문이며, 또한 교사와 학생 간에 지나치게 혁신적인 관계 변화를 요구하지도 않기 때문이다. 이 과제 지향 교수요목은 의미초점 과제(meaning-focused tasks)와 형태초점 과제(form-focused tasks)를 통합한 것이라고 할 수 있다(Savignon, 1991). 즉, 의사소통능력 개발을 위해서는 이 두 가지 모두가 필요하다는 견해이다. 의미초점 과제는 언어습득은 상호작용 과정에서 서로 의미협상을 통해 가장 효과적으로 일어난다고 보는 견해에 바탕을 두고 있으며, 형태초점 과제는 의미 협상을 하는 동안 언어 형태가 학습자들의 주의를 끌 때 가장 효과적인 언어습득이 일어난다고 보는 견해에 바탕을 두고 있다. 물론 과제중심 교수요목에서 말하는 형태초점은 전통적인 문법중심 혹은 통합적 교수요목으로 되돌아간다는 뜻은 결코 아니다. 과제중심 교수요목에서 말하는 형태초점은 목표언어의 특성에 학습자의 주의를 끌 수 있도록 교수 과제(pedagogic tasks)를 동원하는 것을 필수로 한다. 다시 말하자면 과제 수행을 하는 과정에서 목표언어의 형태적 특성에 학습자들이 주의를 기울일 수 있도록 해야 한다는 의미이다.

이상에서 교수요목의 유형과 각각의 특징에 대해 살펴보았다. 이 절을 마치기 전에 언급하고 싶은 것은 교수요목의 다른 유형에도 불구하고 각각의 교수요목들은 서로 완전히 독립된 것은 아니라는 사실이다. 이는 언어를 가르치는 데 있어서 아무리 어느 특정한 교수법을 내세우는 교사라고 할지라고 일단 교실에 들어가면 학습효과를 높이기 위해서 그 교수법 한 가지만 사용하는 경우가 거의 없고 필요할 때 다른 교수법도 함께 사용하게 되는 것으로도 알 수 있다. 실제로 교실 수업을 관찰해보더라도 어느 한 가지 교수요목만을 따르는 경우가 거의 없다. 예를 들어 어느 교실에서 과제중심 교수요목이 지배적으로 사용된다고 하더라도 대개는 다른 교수요목들의 내용이 통합되어 사용되는 경우가 대부분이다. 이렇게 볼 때, 교사로서는 교수요목의 유형 중 어떤 것을 선택하느냐 보다는 학습효과를 높이기 위해서 어떤 경우에 어떤 유형을 따르느냐에 보다 더 많은 관심을 기울이는 것이 필요할 것이다.

3. 과제중심 교수요목 디자인

과제(task)란 직접적이든 간접적이든 실제 세상에서 언어가 사용되는 것과 유사하게 언어사용을 하도록 의도된 것이다(Ellis, 2003b). 다른 언어활동들과 마찬가지로 과제도 생산적 기술(productive skills) 혹은 수용적 기술(receptive skills), 음성적 기술(oral skills) 혹은 문자적 기술(written skills), 다시 말해서 언어의 네 가지 기술 모두(즉, 듣기, 말하기, 읽기 및 쓰기)를 포함할 수 있다. 하지만 Long과 Crookes(1992)의 주장대로 과제는 말하는 것이 아니라 수행하는 것에 초점을 둔 학습활동이며, 따라서 과제는 언어 생산(production), 즉 말을 하거나 글을 쓰는 것을 반드시 수반해야 하는 것은 아니다. 간단히 말하자면, 과제중심 언어교육에서는 과제가 교수의 단위이며, 교수요목을 만드는 데 있어서 실질적인 수단이다. 따라서 교수요목은 일련의 과제로 구성되어 있다고 할 수 있다(Ellis, 2003b).

여러 학자들의 주장을 종합해보면 과제중심 교수요목의 디자인은 대개 다음과 같이 일곱 단계로 구성된다고 할 수 있을 것이다:

첫째, 필요 분석(need analysis)을 통해 목표 과제(target tasks)를 선정한다;

둘째, 선정된 목표 과제를 과제 유형(task types)으로 분류한다;

셋째, 교수 과제(pedagogic tasks)를 도출해낸다;

넷째, 과제의 제시순서(sequence)를 정함으로써 과제중심 교수요목(task-based syllabus)을 만든다;

다섯째, 적절한 교수방법(methodology)과 교수(pedagogy)로 수업에 적용한다;

여섯째, 과제중심의(task-based), 목표지향적(criterion-referenced) 수행평가(performance assessment)를 실시한다;

일곱째, 프로그램을 평가한다.

위의 단계를 좀 더 자세히 설명하면 다음과 같다. 먼저, 목표 과제(target tasks)는 학교에서, 일터에서, 직업훈련원에서, 휴가 때, 등등, 학습자가 궁극적으로 수행해야 할 일들을 의미하며, 이는 다소 비전문적이고 비언어적인 정의라고 할 수 있는데, 교실 밖 세상에서 학습자가 실제로 필요한 것 또는 앞으로 필요로 할 것에 대한 분석을 통하여 선정되는 과제를 뜻한다.

목표 과제들에 대한 선정이 이루어지고 난 뒤 그 다음 단계는 그것들을 과제 유형들(task types)로 분류하는 것이다. 예를 들면 여행가이드들의 훈련을 위해 만들어진 과정과 같은 특수 목적 영어(English for Specific Purposes: ESP) 과정에서 "외국여행 준비하기"는 여권 신청하기, 비자 신청하기, 항공권 예약하기, 항공권 구입하기, 비행기 탑승 수속 밟기, 호텔 예약하기, 관광버스 예약하기, 등등의 과제들로 이루어진 하나의 과제 유형이라고 할 수 있다.

한편 교수 과제들(pedagogic tasks)은 과제 유형들에서 도출된 것들로서, 실제 교실에서 교사와 학생들에 의해 이루어지는 학습활동들(activities)을 의미한다(Long, 1990). 마지막으로 과제중심 교수요목(task-based syllabus)은 과제 유형들을 제시순서(sequencing)에 따라 잘 배열함으로써 탄생하게 되는데, 이 때 제시순서는 학습을 극대화 할 수 있도록 해야 한다(Ellis, 2003b). 이를 위해서는 물론 각 과제의 난이도를 파악하여 학습자의 발달 단계와 잘 맞도록 해야 하며, 각 과제는 그 다음에 제시될 과제의 바탕이 되도록 해야 한다.

이상에서 과제중심 교수요목 디자인의 각 단계에 대해 살펴보았다. 다음에 소개된 일련의 원칙들은 교수요목을 디자인을 하는 데 있어서 가이드 역할을 할 수 있을 것이다:

(1) 언어기술과 그 하부 기술에 있어서 서로 잘 연결된 일련의 과제들로 교수내용을 구조화해야 한다.

(2) 간단한 것으로부터 복잡한 것으로 나아가도록 과제들의 순서를

정해야 한다.

(3) 분명한 오리엔테이션(clear orientation), 시범 보이기(modeling), 연습(practice), 평가 기준(assessment criteria) 등이 과제 수행을 위한 준비의 일부로 제공되어야 한다.

(4) 짝활동이나 모둠활동을 통하여 상호작용과 참여를 강조하여야 한다.

(5) 학습활동은 교사중심에서 학생중심으로 나아가야 한다.

(6) 학생들의 배경지식이나 경험을 활용해야 한다.

(7) 또래나 교사로부터의 피드백을 제공해야 한다.

(8) 학습자 자율성을 기를 수 있어야 한다.

이 장에서는 의사소통중심 언어교육에서 교수요목이 어떤 변화를 거쳐 왔는지, 과제중심 교수요목의 유형과 그 각각의 특징은 무엇인지, 그리고 교수요목 디자인은 어떤 단계를 거치며, 어떤 원칙에 따라 해야 하는지 등에 관해 살펴보았다. 이제 이 장을 끝맺기 전에 과제중심 교수요목에 대한 Breen(1987, pp. 161-164)의 설명을 표로 소개하고, Nunan(1989)이 제시한 과제 평가 및 과제 선정 시의 점검 사항을 소개함으로써 이 장을 끝맺고자 한다.

(From Breen, 1987, pp. 161-164)

Task-based syllabus	
1. What knowledge does it focus on?	• Communicative knowledge as a unit of text, interpersonal behavior, and ideation • The learner's experience and awareness of working upon a new language
2. What capabilities does it focus on and prioritize?	• Communicative abilities and learning capability • The ability to negotiate meaning; the ability to interpret meaning; the ability to express meaning

3. On what basis does it select and subdivide what is to be learned?	• Analysis of the actual tasks which a person may undertake when communicating through the target language • Learning tasks: selected on the basis of meta-communicative criteria. They provide the ground-work for the learner's engagement in communication tasks and deal with learner difficulties which emerge during these tasks, addressing 1) how the knowledge systems work, and 2) how the learning may be best done. • Subdivision is on the basis of task types (various ways)
4. How does it sequence what is to be learned?	• Sequencing can be cyclic in relation to how learners move through tasks, and problem-based (or problem-generated) in relation to the on-going difficulties which learners themselves discover. • There is a sequence of refinement as tasks require more and more learner competence. • There is a sequence of diagnosis and remediation in parallel with the refinement. • Sequencing here depends upon: a) the identification of learning problems or difficulties as they arise; b) the prioritizing of particular problems and the order in which they may be dealt with; c) the identification of appropriate learning tasks which address the problem areas.

(From Nunan, 1989, pp. 135-137)

Checklist for Evaluating Communicative Tasks

Goals and rationale
• To what extent is the goal or goals of the task obvious a) to you b) to your students? • Is the task appropriate to the learners' proficiency level? • To what extent does the task reflect a real-world or pedagogic rationale? Is this appropriate? • Does the task encourage learners to apply classroom learning to the real world? • What beliefs about the nature of language and learning are inherent in the task? • Is the task likely to be interesting and motivating to the students?
Input
• What form does the input take? • Is it authentic? • If not, is it appropriate to the goal of the task?
Activities
• Are the activities appropriate to the communicative goals of the task? • If not, can they be modified to make them more appropriate? • Is the task designed to stimulate students to use bottom-up or top-down processing skills? • Is there an information gap or problem which might prompt a negotiation of meaning? • Are the activities appropriate to the input data? • Are the activities designed in a way which will allow learners to communicate and cooperate in groups?
Roles and settings
• What learner and teacher roles are inherent in the task? • Are they appropriate? • What levels of complexity are there in the classroom organization implicit in the task? • Is the setting confined to the classroom?

Implementation
• Does the task actually engage the learners' interests? • Do the activities prompt genuine communicative interaction among students? • To what extent are learners encouraged to negotiate meaning? • Does anything unexpected occur as the task is being carried out? • What type of language is actually stimulated by the task? • Is this different from what might have been predicted?
Grading and integration
• Is the task at the appropriate level of difficulty for the students? • If not, is there any way in which the task might be modified in order to make it either easier or more challenging? • Is the task so structured that it can be undertaken at different levels of difficulty? • What are the principles upon which the tasks are sequenced? • Do tasks exhibit the 'task continuity' principle? • Are a range of macroskills integrated into the sequence of tasks? • If not, can you think of ways in which they might be integrated? • At the level of the unit or lesson, are communicative tasks integrated with other activities and exercises designed to provide learners with mastery of the linguistic system? • If not, are there ways in which such activities might be introduced? • Do the tasks incorporate exercises in learning how-to-learn? • If not, are there ways in which such exercises might be introduced?
Assessment and evaluation
• What means exist for the teacher to determine how successfully the learners have performed? • Does the task have built into it some means whereby learners might judge how well they have performed? • Is the task realistic in terms of the resources and teacher-expertise it demands?

제6장 과제중심 영어수업

1. 수업계획의 구성
2. 수업계획에서 고려해야 할 사항
3. 교사와 학생의 역할
4. 평가에서 고려해야 할 사항

어떤 언어교수법이든 간에 교실에서 성공적으로 정착되기 위해서는 교사가 따라야 할 원칙들이 있다. 이는 과제중심 언어교육에 있어서도 마찬가지이다. 앞서 이론적 배경에서도 소개되었지만, Willis(1996)는 성공적인 과제중심 언어교육의 정착을 위해 교사가 지켜야 할 다섯 가지 원칙들을 제시하였다. 즉, 교사는 학습자들을 실제(authentic) 언어에 노출시켜야 하며, 학습자들이 목표언어를 활발히 사용할 수 있도록 유도해야 하며, 그럴 수 있도록 학습자들의 동기유발을 위한 과제를 동원해야 하며, 수업 중 적절한 때에 언어에 초점을 맞추는 지도가 필요하며, 또한 때에 따라 다르게 부각되는 언어에 초점을 맞추는 지도도 필요하다고 하였다. 하지만 이러한 원칙들은 EFL 상황의 근원적인 제약 때문에 교사가 모두 다 지켜내기는 힘든 것이 사실이다. 그럼에도 불구하고 과제중심 수업을 통해서 어느 정도의 만족스런 결과를 얻고자 한다면 교사들이 그 원칙들을 지키고자 하는 노력을 기울여야 함은 당연한 일일 것이다. 그럼에도 불구하고 과제중심 수업을 통해서 어느 정도의 만족스런 결과를 얻고자 한다면 교사들이 그 원칙들을 최대한 지키고자 하는 노력을 기울여야 함은 당연한 일일 것이다.

Willis가 제안한 이상의 원칙들을 토대로 하여 과제중심 EFL 수업계획과 평가에 대해 기술하자면 다음과 같다.

1. 수업계획의 구성

수업계획을 짜는 데 있어서 거쳐야 할 단계는 우선 목적/목표를 정하고(setting the goal/objectives), 입력을 고려한 다음(considering the input), 학습활동을 선택하고(choosing activities), 난이도를 정하고(grading), 제시순서(sequencing) 및 통합(integrating)에 대한 결정을 하여야 한다. 그리고 숙제(homework assignment)는 어떤 것으로 낼 것이며, 평가(evaluation)는 언제, 어떻게 할 것인가에 대해 결정하여야 한다. 이를 도

표로 나타내면 다음과 같다.

〈수업계획의 단계〉

목적/목표 설정(Setting the Goal/Objectives)

↓

입력(언어적, 비언어적)에 대한 고려
(Considering the Input)

↓

학습활동 선택(Choosing Activities)

↓

난이도, 제시순서, 및 통합에 대한 고려
(Deciding on Grading, Sequencing and Integrating)

↓

숙제 내기(Homework Assignment)

↓

평가(Evaluation)

1) 수업 목적과 목표 정하기

수업 목적(Goal)은 특정 학습 경험의 결과가 무엇이 될 것인지를 광범위하게 표현한 것이라 할 수 있다. 다시 말해서 수업 목적은 수업이 끝났을 때 학생들이 성취하기를 바라는 전체적인 목적이라고 할 수 있다. 반면에 목표(objectives)는 해당 수업을 통해서 학생들이 성취해야 할 보다 구체적인 목표라고 할 수 있는데, 이러한 구체적인 목표를 명시적으로 서술하는 것이 효과적인 수업을 위해서 매우 중요하다. 수업 시간에 자신이 무엇을 성취해야 할지도 모르고 수업에 임하는 것과 성취해야 할 목표를 뚜렷이 알고 수업에 임하는 것과는 그 결과가 다를 수 밖에 없다.

2) 입력 고려하기

입력(input)이란 학습자가 과제를 수행할 때 다루어야 할 언어적(verbal) 혹은 비언어적(non-verbal) 자료를 의미한다. 과제중심 언어수업에서 이러한 자료는 주로 교사에 의해 제공되는 경우가 많은데, 과제 수행의 효과와 밀접한 관련이 있기 때문에 신중하게 선택, 제공되어야 한다. 언어적 입력(verbal input)의 경우, 즉, 과제 수행을 위해서 사용되는 언어의 경우, 학생들에게 인지적으로 적절한(cognitively appropriate) 것이어야 한다. 다시 말해서 난이도 면에서 학생들의 언어 수준과 맞아야 한다는 의미이다. 지나치게 어려운 경우 학생들이 과제 수행을 하는데 어려움을 느낄 것이고, 또한 지나치게 쉬운 경우 과제 수행으로 학생들이 언어적인 면에서 새롭게 배우는 게 거의 없을 것이기 때문이다. 비언어적 입력(non-verbal input)의 경우, 즉, 과제 수행을 위해서 사용되는 학습자료의 경우 학생들의 현실적 경험, 관심, 필요와 흥미에 부합하는, 말하자면 학생들에게 의미 있는(meaningful) 것이어야 한다. 의사소통적 과제를 위한 입력은 다양한 범위의 출처(sources)로부터 구할 수 있는데, Hover(1986a, 1986b)는 가능한 출처에 대해 다음과 같이 소개하고 있다:

- letters(formal/informal)
- newspaper extracts
- picture stories
- Telecom account
- driver's licence
- missing person's declaration form
- social security form
- business cards
- memo note
- calorie counter
- recipe
- extract from a play
- weather forecast
- diary
- bus timetable
- notice board items
- housing request form
- star signs
- hotel entertainment program

- photographs
- family tree
- drawings
- shopping lists
- invoices
- postcards
- hotel brochures
- passport photos
- swop shop cards
- sweet map
- menu
- tennis court booking sheet
- extract from film script
- high school year book
- note to a friend
- seminar program
- newspaper reporter's note
- travel regulations
- curriculum vitae
- economic graphs
- magazine quiz

위의 제안에서 알 수 있듯이 입력의 출처는 매우 다양하며, 사실상 사람들이 일상생활에서 접하는 모든 것으로부터 나올 수 있다. 따라서 위에서 기술된 것 외에도 얼마든지 다른 출처로부터 입력 자료를 구할 수 있는데, 중요한 것은 이러한 입력들이 모두 다 특정 집단의 학습자들에게 맞는 것은 아니라는 점이다. 위에 기술된 입력의 출처에서 나온 자료들 중에서도 특정 집단의 학생들에게 적절한 입력도 있고 그렇지 않은 것도 있을 수 있다. 따라서 과제활동을 위해 어떤 입력을 사용하느냐에 대한 결정을 하는 데 있어서 교사의 현명한 판단이 요구된다. 인지적, 정의적, 경험적인 면에서 학생들에게 적절한 입력이라야 입력으로서의 가치가 있으며 학습효과로 나타날 수 있다.

3) 학습활동 정하기

학습활동(activities)이란 학습 목적을 달성하기 위해서 입력을 사용해 학습자들이 실제로 수행하는 것을 일컫는다. 같은 학습자료를 가지고도 다양한 학습활동을 할 수 있고 그에 따른 학습효과 또한 달라질 수 있다는 점을 감안하면 어떤 학습활동을 사용할 것이냐에 대한 교사의 신중한 판단이 요구된다.

사용할 학습활동 선택에 있어서는 고려되어야 할 여러 가지 요인들이 있는데, 관련성(relevance), 복잡성(complexity), 시간(time), 가능한 도움의 양(amount of help available), 그리고 학습자에게 요구되는 인지적, 의사소통적인 요인들(cognitive and communicative demands)이 그것들이다. 다시 말하자면, 학습활동은 학습자의 현실 경험과 관심사, 흥미 등에 관련이 있어야 하며, 복잡성 면에서 학습자 수준에 적절하여야 한다. 지나치게 복잡한 것은 학습자에게 오히려 부담이 될 수 있으며 따라서 학습효과를 기대하기 힘들다. 또한 학습활동은 시간적인 면에서 적절해야 하는 데, 지나치게 시간을 많이 요구하는 활동이라면 한정된 수업 시간에 사용하기에 적절하지 않다. 학습활동을 하는 데 있어서 도움이 어느 정도 가능한지도 고려되어야 한다. 필요한 정보를 제대로 얻을 수 없는 학습활동이라면 그 효과를 기대하기가 힘들 것이다.

Clark(1987, pp. 238-239)은 실제 세상에서 사람들이 의사소통을 위해 어떻게 언어를 사용하는가에 초점을 두고 의사소통 활동을 크게 다음과 같은 일곱 가지 형태로 분류하고 언어교육 프로그램을 통해서 학습자들이 이러한 활동들을 할 수 있도록 해야 한다고 제안하고 있다:

- solving problems through social interaction with others;
- establishing and maintaining relationships and discussing topics of interest through the exchange of information, ideas, opinions, attitudes, feelings, experiences and plans;
- searching for specific information for some given purpose, process it, and use it in some way;
- listening to or reading information, processing it, and using it in some way;
- giving information in spoken and written form on the basis of personal experience;

- listening to, or reading or viewing a story, poem, feature, etc. and perhaps responding to it personally in some way;
- creating an imaginative text.

사용하는 학습활동이 충분한 효과를 거두기 위해서는 적절한 과제 전 활동(pre-activities)과 과제 후 활동(post-activities)이 수반되어야 한다. 말하자면 학생들이 과제활동(task activities)을 하기 전에 그것을 준비하기 위한 단계로 과제 전 활동(pre-task activities)과 또한 과제활동을 통해 배운 것을 내재화(internalize)하고 보다 확장(expand)할 수 있기 위해서는 과제 후 활동(post-task activities)을 동원하여야 한다는 의미이다. 예를 들면 과제활동에 필요한 어휘나 표현을 미리 학습시키는 것이나 과제활동을 하기 위해 필요한 정보를 숙제로 준비해 오게 하는 등의 활동이 과제 전 활동에 해당한다. 과제 후 활동의 예로는 과제 수행이 끝난 후 그 내용에 대해 퀴즈를 본다거나, 내용과 관련된 숙제를 한다거나, 등이 있다. 말하자면 과제 전 활동이나 과제 후 활동이나 모두 과제활동의 효과를 높이기 위해서 필요한 것들이다.

4) 과제의 난이도, 제시순서, 통합에 대한 결정하기

과제의 난이도, 제시순서, 통합은 과제의 구성요소에 따라 결정되어야 한다. 먼저, 과제의 난이도(Grading or the level of difficulty)는 언어적 혹은 비언어적 입력(verbal or non-verbal input), 학습자, 과제활동과 같은 과제 구성 요소와 관련하여 결정되어야 한다. 효과적인 과제는 난이도가 적절하여야 하는데, 이 난이도는 과제 수행 시 요구되는 언어 능력과 과제 수행을 위해 사용되는 자료와 관련이 되며, 학습자가 현재 지닌 목표언어 능력뿐만 아니라 과제와 관련된 실생활 속에서의 경험이나 흥미와도 관련이 있고, 요구되는 과제활동에도 관련이 있다.

다음으로, 과제의 제시순서(sequencing)는 처음에는 단순한 것으로부터 차츰 복잡한 것으로 나아가는 원칙을 지켜야 한다. 다시 말하자면, 학습자들이 과제 수행을 통해서 배우기 위해서는 제시되는 과제가 간단하고 쉬운 것으로부터 시작하여 복잡하고 어려운 것으로 나아가는 순서라야 한다. 이러한 원칙은 사실 과제중심 수업에만 해당하는 원칙이 아니라 모든 학습에 공통적으로 적용되는 원칙이기도 하다.

마지막으로 과제의 통합(integration)을 위해서는 과제의 연속성(continuity)이라는 원칙이 지켜지는 것이 중요하다. 과제의 연속성이란 이전 과제의 성공적인 완성이 다음 과제의 전제 조건이 되는 것을 의미한다. 다시 말하자면 한 가지 과제를 성공적으로 완성한 뒤에라야 다음 과제를 제대로 할 수 있다는 것을 의미한다.

5) 숙제 내기

학생들이 교실에서 아무리 많은 것을 배웠다 하더라도 높은 언어 유창성을 성취하기 위해서는 항상 더 배울 것이 남아 있는 것이 사실이다. 이것이 바로 언어 학습에 있어서 숙제를 통해 학습자 자율성을 길러야 하는 이유이다. 현실적으로 여러 가지 한계가 많은 EFL 교실에서 학습자 자율성을 기르는 것은 사실상 쉽지 않다. 시간적인 제약도 크다. 따라서 학습자 자율성은 숙제를 통해서 기르고자 노력해야 할 것이다. 학습자의 자율성을 기르기 위한 수단으로서의 숙제는 실제 세상에서 학습자들의 경험과 필요에 부합하는 것으로, 학습자들에게 의미 있고 또한 그들의 동기를 유발할 수 있는 것이어야 한다. 하지만 학습자의 자율성을 기르는 데 있어서 숙제의 중요한 역할을 교사들이 인식하고 있음에도 불구하고 많은 EFL교사들이 숙제를 제대로 활용하지 못하고 있는 것도 사실이다. 그 가장 큰 원인으로는 아마도 숙제에 대한 피드백을 주는 것이 교사로서는 너무 시간이 많이 드는 부담스런 일이기 때문일 것이다. 따라서 이러한 어려움을 극복하기 위해서는 시간을 많이 들이지 않고도 피드백을 줄 수 있는 방안에 대한 고심이 필요하다.

6) 평가하기

과제중심 수업에서의 평가는 목표지향(criterion-referenced) 평가이고 수행 평가(performance assessment)이어야 한다는 것이 학자들의 주장이다. 하지만 실제로는 과제중심 언어교육과 평가가 서로 분리되어 제대로 된 평가가 이루어지지 않는 경우가 많다(Panahi, 2012). 목표지향 평가는 다른 말로 준거지향 평가라고도 하는데, 이 평가는 학생들의 능력을 서로 비교하여 능력별로 순서를 매기는 규준지향(norm-referenced) 평가 또는 상대 평가와는 달리, 학습 목표를 제대로 달성했는지 여부를 묻는 데 그 초점이 있는 절대평가이다. 따라서 이러한 목표지향 평가에서는 학생의 과제 수행을 다른 학생의 과제 수행과 비교하는 것이 아니라, 학생의 수행 정도를 교육 목표에 비교하기 때문에 학생들끼리의 경쟁은 의미가 없다. 학생 개개인이 목표를 성공적으로 달성하면 그만인 것이다. 말하자면 pass/fail 개념이다.

하지만 실제로 과제중심 언어교실에서 교사가 학생들을 평가할 때에는 이와 같이 단지 pass/fail로 학생들을 평가하는 게 아니라, 구체적인 점수를 부여하는 경우가 많은데, 이것도 나름대로의 교육적 의미는 있다. 왜냐하면 pass/fail로 하는 것보다 점수를 부여하면 한 점이라도 더 잘 받기 위해 그만큼 노력하는 것이 학생들의 일반 성향이기 때문에 이러한 성향을 잘 살리는 것도 교육적 의미에서는 필요하다. 평가가 학생들의 학습 행위에 영향을 미치는 것은 분명한 사실이다.

그러면 무엇을 어떻게 평가할 것인가? 학자들이 추천하는 바에 의하면 평가는 가능하면 학생들 경험과 흥미에 관련되는 내용이어야 한다. 이는 의사소통중심 수업에서 지향하는 바이며, 따라서 당연히 평가에서도 반영되어야 할 부분이다.

과제중심 언어교육에서 학생들의 과제 수행을 평가 하는 방법은 다양하게 있다. 예를 들면 구두 인터뷰도 가능하며, 프리젠테이션, 스토리텔링, 교사의 관찰, 포트폴리오 등등이 가능하다. 구체적으로 어떤 평가 방법을 선택할 것인가 하는 문제는 교사가 그 과제의 성격과 학생의 수준, 교수 및 학습 여건 등을 감안하여 결정할 일이다.

2. 수업계획에서 고려해야 할 사항

아래 제시된 사항들은 가르쳐야 할 교과서가 있는 EFL 상황에서 비록 부분적으로나마 성공적인 과제중심 언어교육의 정착을 위해서 고려되어야 할 부분들을 나열한 것이다. 결코 모든 부분을 망라했다고 말할 수는 없겠지만, 하나하나가 모두 중요한 사항들임에는 틀림없는 것 같다.

1) 과제는 학습자들에게 인지적, 정의적인 면에서 적절하고 흥미로워야 하며 교과서 내용과의 관련성이 있어야 한다.

교과서 내용이나 학생들의 현재 또는 미래의 실제 생활과 관련이 있는 과제를 선택함으로써 교사는 학생들의 동기를 유발할 수 있고 또한 학생들로 하여금 과제에 집중하고 과제 수행을 즐기게 만들 수 있다. 그러면 여기서 문제가 되는 것은 언어 형식에 초점을 맞추고 있는 교과서 학습과 의미 전달에 초점을 맞추고 있는 과제활동(Johnson, 2004)을 어떻게 연관 짓느냐 하는 점일 것이다. 상당히 고민스러운 문제 같기도 하지만 실상은 별로 그렇지도 않다는 것이 저자의 생각이다. 왜냐하면 대부분의 영어 교과서들이 다루고 있는 내용이 아주 일반적인 주제들, 즉 가족, 음식, 건강, 쇼핑, 여행, 오락, 등과 관련이 없는 경우가 거의 없기 때문이다. 비록 언뜻 보기에는 각 교과서 단원의 제목들이 이러한 주제와 관련이 없어 보일 수도 있지만 내용상으로는 어떤 식으로든 연결지을 수 있기 때문에 그러한 흔한 주제들 중에서 해당 교과서 단원의 제목이나 내용과 가까운 것을 고르면 될 것이다. 어떤 경우든, 과제중심 언어교육의 궁극적인 목적은 학생들로 하여금 의미 있는 상호작용을 통해서 목표언어를 사용하게 만드는 것이다. 따라서 과제 자체가 학생들에게 적절하고 흥미로운 것이며 교과서와 어떤 식으로든 관련이 있으면 선택하여도 무리가 없다고 본다.

2) 과제활동은 기존 수업 방식을 대체하는 것(replacement)이라기보다는 보조적인 것(supplement)이어야 한다.

교실 여건과 언어 환경이 다르면 다른 교수법을 사용하는 것이 당연하다. 여건과 환경이 다른 데에도 불구하고 남의 것을 그대로 받아들여 적용하고자 한다면 제대로 된 학습효과를 기대할 수 없을 것이다. 커리큘럼이 정해져 있고 가르쳐야 할 교과서가 존재하는 여건에서는 전반적인 과제중심 수업의 실시는 어렵다. 다시 말하자면 현재로서는 과제중심 언어교육으로 전통적인 교수법을 완전히 대체한다는 것은 거의 불가능하다. 하지만 여러 가지 한계가 많은 EFL 상황에서도 과제중심 언어교육을 부분적으로 도입하는 것은 얼마든지 가능하며, 이것이 전반적인 도입보다 더 적절한 방법이다(Johnson, 2004). 현실적으로 수행평가가 학생 평가에 반영되어야 하는 우리나라 실정에서는 과제활동을 수업에 포함시키는 것이 그리 불가능한 일이 아닐 것이다. 다만 구체적으로 얼마나 많은 시간을 과제중심 언어교육에 할애할지, 어떻게 과제중심 언어교육을 실시할지, 등에 대해서는 해당 학교의 여러 가지 교육 여건을 감안하여 교사들이 결정할 일이다.

3) 교실 수업 시간은 학생의 개인 활동 보다는 학생들의 상호작용, 즉 언어사용을 위해서 쓰여야 한다.

과제중심 언어교육을 채택하는 데 있어서 한 가지 문제는 과제를 수행하는 데 시간이 많이 든다는 점이다. 가르쳐야 할 교과서 분량만 하여도 이미 교사들에게는 시간이 부족한 경우가 많다. 이러한 문제 때문에 과제중심 수업을 하는 교사가 학생들로 하여금 모든 것을 수업 중에 하도록 한다면 이는 적절하지 못한 교수전략이 될 것이다. 부족한 교실 수업 시간을 경제적으로 사용하는 교수전략이 필요하다. 여기서 추천하고 싶은 것은 학생들 간의 상호작용을 요구하는 활동이 아니고 개인이 혼자서 하여도 되는 일은 구태여 수업 시간을 쓸 필요 없이 숙제로 하게 하는 것이다. 이렇게 함으로써 교사는 보다 많은 수업 시간을 학생들로 하여금 상호작용을 통한 의사소통을 위해서 쓰도록 할 수 있다. 하지만 유감스럽게도 저자는 의사소통을 강조하는 수업에서 소중한 수업시간이 비효율적으로 사용되는 경우를 적지 않게 목격한 바 있다.

4) 실제 자료(authentic materials)가 중요하긴 하지만 학생들에게 맞게 수정된 자료(modified materials)의 사용도 배재할 필요는 없다.

비록 의사소통중심 언어교육의 중요한 특성 중의 하나가 실제 자료(authentic material)를 쓰는 것을 강조하고는 있지만, 그리고 실제 자료가 일반적으로 학생들에게 더 실감이 나게 하고, 또한 교실 밖 실제 상황에서의 언어사용에 학생들을 보다 잘 준비시키는 효과가 있고 따라서 동기 유발에 도움이 되는 것은 사실이지만, 이것이 곧 외국어 교실에서 실제 자료만 사용해야 한다든가, 수정된 자료는 배재되어야 한다는 뜻은 아니다. 예를 들어 교사가 의미가 아니라 언어 자체에 초점을 맞출 필요가 있을 때에는 목표언어의 특성에 대한 학생들의 이해를 돕기 위해서 실제 자료보다는 간편화된(simplified), 하지만 더 효과적인 자료를 얼마든지 사용할 수 있다(Day, 2004). 다시 말하자면, 중요한 것은 텍스트 자체가 실제로 현지인들이 사용하는 것이냐 아니냐에 초점을 두는 텍스트 실제성 또는 진정성(text authenticity)보다는 그것으로 학습을 하는 학생들에게 그 텍스트가 얼마나 의미가 있느냐 없느냐에 초점을 두는 학습자 진정성(learner authenticity)(Lee, 1995)이 더욱 중요한 개념이라고 하겠다.

5) 과제활동(task activities)은 과제 전 활동(pre-task activities)과 과제 후 활동(post-task activities)을 수반하여야 한다.

과제활동이 원활하게 진행되고 또한 충분한 효과를 거두기 위해서는 과제 전 활동과 과제 후 활동이 반드시 수반되어야 한다. 과제 전 활동에서 교사는 과제활동에 필요한 어휘나 표현들을 제공하고 필요하다면 문법적인 설명도 제공함으로써 학생들로 하여금 과제활동을 보다 원활히 할 수 있도록 준비시킬 필요가 있다. 학생들이 제대로 알지 못하는 언어를 과제활동 중에 사용하도록 기대할 수는 없기 때문이다. 과제 전 활동에서 교사가 제공하는 언어 형식에 대한 지도는 학생들이 이미 배운 것에 대한 복습이 될 수도 있고, 또한 과제활동에 필요한 새로운 것에 대한 소개가 될 수도 있다. 한편, 과제 후 활동은 학생들이 과제활동을 통해서 배운 것을 강화하거나 또한 확장하는 역할을 한다. 이 단계에서 교사의 역할은 학생의 이해 정도나 발전 정도를 파악하고 필요한 피드백을 주는 것이다. 학생들은 이 과제 후 활동을 통해서 이미 배운 것을 강화하고 확장하는 기회를 가짐으로써 학습효과도 높이고 또한 자율적인 학습자로 성장하게 된다.

6) 교사는 필요할 때 목표언어의 특성에 대한 명시적 지도와 모델을 제공함으로써 학생들의 과제활동에 대한 준비를 도와야 한다.

목표언어의 특성에 대한 명시적 지도가 외국어습득에서 중요한 역할을 한다는 것은 이미 많은 연구들에 의해서 주장되어 왔다(예: Carroll & Swain, 1993; Celce-Murcia, Dornyei, & Thurrell, 1997; DeKeyser, 1995; Radwan, 2005). 이러한 연구들에 의하면 학습자들로 하여금 목표언어의 특성에 대해 알게 하면 언어습득의 속도가 증가된다고 한다. 학생들 자신이 제대로 알지도 못하는 것을 잘 사용하기를 바랄 수 없다는 점을 감안하면 교사로서는 목표언어에 대한 학생들의 이해를 높이기 위해서 명시적 지도를 제공하는 것이 필요하다. 그리고 어휘나 표현을 비롯하여 필요한 부분에 대한 이러한 명시적 지도는 학생들이 원활한 과제활동을 위하여 언어를 사용하는 것을 돕기 위한 목적이 있으므로 과제활동이 시작되기 전에 제공하는 것이 더 효과적이라는 것이 저자의 생각이다.

7) 목표언어 능력이 낮은 학생들의 동기를 유발하여 과제활동에 적극적으로 참여시키기 위한 세심한 교수전략이 필요하다.

일반적으로 목표언어 능력이 낮은 학생들은 학습동기(motivation)도 저하되어 있는 것이 사실이다. 이러한 학생들의 학습동기를 높여 학습활동에 적극적으로 참여시킬 수 있는 교수전략이 마련되지 않으면 교실에서 행해지는 학습활동이 잘 하는 학생들만의 전유물이 되어버릴 가능성이 크다. 더구나 이런 학습활동이 모둠 구성원들의 협력을 요구하는 활동이라면 그 활동이 제대로 될 리 만무하다. 따라서 학습활동이 일부 학생들만의 활동이 아닌, 모든 학생이 참여하는 활동이 되게 하기 위해서는 교사가 학생들의 목표언어 능력 차이에 민감할 필요가 있으며, 능력이 낮은 학생들에게 어려운 점이 무엇일까를 고려하고 필요한 도움을 제공해 줄 수 있어야 한다. 요즘 영어교실에서 교사들이 겪는 가장 큰 어려움 중의 하나가 바로 학생들 간의 개인차이다. 이러한 개인차에 대한 교수전략이 수립되지 않고서는 어떤 좋은 교수법도 제대로 된 학습효과를 내기 어렵다.

8) 교실에서의 모둠활동에 대해 학생들을 준비시키기 위해서, 또한 교실에서 배운 내용을 가정에서 내재화하고 확장할 수 있게 하기 위해서 숙제가 그 수단으로 사용되어야 한다.

숙제는 학생들로 하여금 자신이 배운 것을 내재화하고(internalize) 확장할(expand) 수 있게 해줄 뿐만 아니라, 좀 더 알고 싶은 것에 대해 탐구할 수 있도록 도와주는 역할도 한다(North & Pillay, 2002; Painter, 2003; Wallinger, 2000). 과제중심 언어교육에서 과제 전 활동에 포함되는 숙제는 이러한 역할 외에도 다가올 모둠 과제활동에 대한 준비를 하게 해주는 역할도 함으로써 귀중한 수업 시간을 절약해 주는 효과가 있을 뿐만 아니라, 학생들 간의 상호작용을 더욱 원활하게 해주는 역할도 한다. 따라서 숙제를 적절히 활용하는 것은 교사의 중요한 교수전략의 하나가 되어야 한다. 교육의 궁극적인 목적은 학습자 스스로 자신에게 필요한 것을 탐구하고 얻을 수 있는 자율성을 기르는 것이다. 이런 점에서 숙제를 내지 않는 수업은 중요한 것이 빠진 수업이라고 할 수 있다.

9) 학생들의 과제 수행에 대한 평가는 현재 학생들이 보유하고 있는 목표언어 능력에 대한 평가보다는 그들의 노력에 대한 평가여야 한다.

다른 분야에서도 마찬가지이겠지만 언어교육에서도 최대한의 효과를 성취하기 위해서는 가르치는 것과 평가하는 것이 서로 밀접한 관련이 있어야 한다(Rudner & Schafer, 2002). 교육에서 평가 부분이 포함되지 않으면 학생들이 수업의 목적과 목표를 제대로 성취했는지 여부를 교사가 제대로 알 길이 없다. 마찬가지로 과제중심 수업에서도 평가가 포함되지 않는다면 학생들은 수행해야 할 과제에 충분한 주의를 기울이지 않을 가능성도 크다(Prodromou, 1995). 따라서 어떤 식으로든 평가를 포함하는 것은 반드시 필요하다. 하지만 여기서 한 가지 중요한 것은 평가로 인해 학생들(특히 성취도가 낮은 학생들)이 배움에 대한 용기를 잃는 일이 있어서는 곤란하다는 점이다. 만약 평가의 중요한 역할 중 하나가 학생들로 하여금 활발하게 과제 수행에 참여하게 하는 것이라면 평가가 초점을 맞추어야 할 부분은 현재 학생들이 지닌 영어구사력이 아니라 그들이 기울이는 노력이어야 한다. 그리하여 성취도가 낮은 학생들의 경우에도 현재 상태에서라도 충분한 노력만 기울인다면 좋은 점수를 받을 수 있어야 한다. 그렇지 않으면 하루아침에 영어구사력이 갑자기 향상되지 않는 한, 성취도가 낮은 학생들은 모둠활동에서 항상 낮은 점수를 받을 수밖에 없을 것이고, 이를 아는 학생들의 동기가 유발될 리는 더욱 없을 것이다.

10) 과제활동 중 불가피할 경우에는 학생들이 자신의 모국어를 사용하도록 허용되어야 한다.

과제 수행을 하는 데 있어서 상호작용은 매우 중요하다. 따라서 학생들로 하여금 서로 활발하게 상호작용을 하도록 유도하기 위해서는 필요에 따라 자신들의 모국어를 사용할 수 있도록 허용하는 것이 좋다 (Auerbach, 1993; de la Campa & Nassaji, 2009; Swain & Lapkin, 2000). 비록 과제중심 언어교육의 목적이 학생들로 하여금 과제 수행을 하면서 목표언어를 사용하게 만드는 것이긴 하지만, 학생들 자신의 충분하지 못한 목표언어 구사력 때문에 과제 수행 자체가 제대로 되지 않는 경우가 있는 것이 사실이다. 따라서 목표언어를 강제로 사용하게 함으로써 학생들이 입을 다물고 의사소통 자체가 안 되게 하는 것보다는 모국어 사용을 일부 허용하면서 과제 수행을 좀 더 원활하게 하는 것이 낫다. 말하자면 모국어 사용에 대한 좀 더 균형적이고 유연한 자세가 필요하다(Carless, 2008). 물론 이 경우 영어로 할 수 있는 부분도 아예 노력조차 하지 않고 모국어로 말해버리는 것을 막기 위해서 교사로서는 목표언어사용을 최대한으로 유도하는 교수전략이 필요할 것이다.

3. 교사와 학생의 역할

과제중심 영어수업에서 교사의 가장 중요한 역할은 아마도 학생들로 하여금 과제 수행을 위해 목표언어인 영어를 최대한 많이 사용하면서 서로 상호작용할 수 있도록 돕는 일일 것이다. 이를 위해서 물론 교사는 학생들의 동기 유발을 위하여 무엇을 할 것이며, 어떤 과제를 수행하게 할 것이며, 과제 수행을 원활히 하게 하기 위해서 어떤 학습자료와 학습활동을 동원할 것이며, 도움이 필요한 학습자들에게는 어떤 도움을 줄 것이며, 평가는 어떻게 할 것이며, 등등에 대한 고민이 필요하다. 전통적인 방식의 수업에서도 물론 해당되지만 특히 의사소통능력 개발이 그 목적인 수업에서는 이런 다양한 부분에 대한 치밀한 교수계획과 준비, 그리고 적절한 교수기술이 뒷받침 되지 못하면 의도한 수업의 효과를 제대로 거두기 어렵다. 과제중심 영어수업에서 학생들의 적극적인 참여와 상호작용을 통한 수업의 효율성을 높이기 위해서는 교사의 역할이 매우 중요하다.

교사의 중요한 역할에도 불구하고 과제중심 영어수업에서의 주체는 학습자들이다. 아무리 교사가 철저히 계획하고 준비한다고 하여도 과제 수행에 대한 학습자의 적극적인 참여 의지가 없다면 학습이 제대로 될 리가 없다. 말을 물가로 데리고 갈 수는 있어도 물을 먹일 수는 없다는 속담이 있듯이, 근본적으로는 학습자가 자신의 학습에 책임을 지는 태도를 가져야 할 것이다. 특히 모둠활동의 경우, 전통적인 교실에서와는 달리 학습자 개인의 태도가 수업의 효과를 결정하는 데 중요한 요인이 될 수 있다. 예를 들면 교실에서 모둠활동을 통한 과제 수행을 위하여 개별 학생들이 나름대로 해 와야 할 숙제가 있는데 만약 숙제를 해오지 않는 학생들이 있다면 모둠활동 자체가 제대로 될 수가 없다. 또한 모둠활동을 하는 동안 최대한 목표언어인 영어를 사용해야 함에도 불구하고 어렵다는 이유로 모국어만 사용해버릴 경우, 본인뿐만 아니라 다른 학습자들의 영어능력 향상에도 도움이 되지 않을 것이다. 이러한 학습자 개인의 비협조적인 태도는 다른 학습자들의 학습에도 악영향을 미침으로써 전체 수업 효과를 떨어뜨리게 된다. 따라서 교사는 학습자가 자신의 학습에 책임을 지고 다른 학습자들의 학습에 방해가 되지 않는 존재가 될 수 있도록 교사로서의 역할을 하여야 할 것이다.

학습자들의 과제 수행을 위해서 교사는 때로 필요한 도움을 주어야 할 때가 있다. 이를 위해서 먼저 교사는 학습자 개개인에 대해 잘 파악할 수 있어야 할 것이다. 특히 학습동기가 낮은 학습자들의 경우 대부분 학습능력 자체가 떨어지는 경우가 많고 또한 목표언어 능력 또한 낮은 경우가 많다. 과제중심 영어수업에서는 이런 학생들이 교사의 도움으로 자신감을 갖고 학습활동에 적극적으로 참여할 수 있어야 효율적인 수업이 될 수 있다. 따라서 그렇게 될 수 있도록 만드는 것이 무엇보다 중요한 교사의 책무이다. 결국, 학습자 스스로 자신의 학습에 책임을 지도록 만드는 것조차도 많은 부분 교사의 역량에 달렸음을 교사들은 인식할 필요가 있다.

요약하자면, 과제중심 영어수업에서의 교사 역할이나 학습자 역할도 일반적인 의사소통중심 수업에서 각자가 맡아야 할 역할과 다를 바 없다. 교사는 통제자, 조직자, 정보 제공자, 안내자, 참여자, 교수자, 감독자, 관찰자, 그리고 평가자로서의 역할을 제대로 수행할 수 있어야 할 것이며, 학습자 또한 자신의 학습에 책임질 줄 아는 과제 수행 참여자로서의 역할을 충실히 수행할 수 있어야 할 것이다. 각자의 역할을 얼마나 잘 수행하느냐에 따라 수업의 효과가 달라진다고 할 수 있을 것이다.

4. 평가에서 고려해야 할 사항

과제중심 수업에서 학생들의 수행에 대한 평가를 하기 전 교사는 먼저 다음 질문들을 스스로 던져보아야 한다. 이 세 가지 질문은 학습자들의 학습 행위에 지대한 영향을 미칠 수 있기 때문에 매우 신중하게 생각해 볼 필요가 있다.

첫째, 무엇을 평가할 것인가?
둘째, 언제 평가할 것인가?
셋째, 어떻게 평가할 것인가?

학생들의 과제 수행에 대한 평가 방법은 수업 단계에 따라 다양할 수 있다. 단계에 따라 요구하는 것이 다르기 때문에 내용도 다를 수 있고 그 평가 방법도 다를 수 있다. 예를 들면 과제 수행에 도움이 되게 하기 위해 과제 전 활동으로 교사가 어휘나 표현 학습을 시키거나 읽기 자료를 제공했을 때 그 부분에 대한 학생들의 지식 및 이해 정도를 간단한 퀴즈로 평가할 수도 있고, 또한 다음 시간에 있을 과제활동을 위한 준비로 숙제를 낸 경우 숙제에 대한 평가를 할 수도 있다. 반면 과제활동에서의 수행에 대한 평가는 교사의 관찰에 의한 평가를 할 수도 있고,

과제 수행이 끝나고 난 뒤 하게 되는 구두 발표로 평가를 할 수도 있고, 또한 과제 내용에 대한 쓰기 결과물로 평가할 수도 있다. 마찬가지로 과제 후 활동에 대한 평가도 다양하게 실시될 수 있다. 예를 들면 수업 시간의 과제 수행 내용에 대해 쓰기 숙제로 제출하게 할 수도 있고, 숙제 내용을 구두로 발표하게 함으로써 평가를 할 수도 있고, 읽기 자료를 주었을 경우 그 내용에 대한 이해도를 평가하는 간단한 퀴즈를 낼 수도 있다.

구체적으로 무엇을, 언제, 어떻게 평가를 할 것인가에 대해서는 교사가 결정할 일이지만, 한 가지 분명한 것은 이것들에 대해 학생들에게 미리 알려야 한다는 점이다. 평가에서 무엇을 측정하느냐 또는 언제, 어떻게 측정하느냐에 따라 학생들의 학습 행위가 달라질 수밖에 없기 때문이다(Anderson, Bachman, Perkins, & Cohen, 1991; Bachman, 1990; Bernhardt, 1991; Gordon & Hanauer, 1995). 따라서 만약 과제중심 언어교육이 EFL 상황에서 비록 부분적이나마 성공적으로 뿌리내리기를 바란다면, 여러 가지 제약을 가진 EFL 상황에 적합한 평가 방식이 개발되어야 할 것이다.

주지하다시피 여러 가지 한계점이 많은 EFL 상황에서는 개별 학생의 수행 능력을 개발하는 것뿐만 아니라 그것을 평가하는 것 또한 결코 쉬운 일이 아니다. 하지만 이러한 어려움에도 불구하고 노력 자체를 포기하는 것은 바람직한 일도 아닐뿐더러 또한 있어서도 안 될 일이다. 그렇다고 이 부분을 전적으로 교사에게 맡겨서는 곤란하다. 이 분야에서 전문가들은 교사들에게 필요한 도움을 주어야 할 것이며, 교사들 또한 나름대로의 노력이 필요하다. 평가는 그 자체가 전문적인 결정이라고 할 수 있으며(McMillan, 2002), 따라서 학생을 가르치고 평가해야 할 교사들은 당연히 이러한 전문성을 기를 필요가 있다.

아래에 제시된 부분은 과제중심 수업의 각 단계 별로 학생들의 수행에 대한 평가를 하는 데 도움이 되고자 저자가 추천하는 사항들이다.

1) 과제 전 활동에 대한 평가

과제 전 활동에 대한 평가는 그 목적이 개별 학생들로 하여금 다음 시간에 있을 모둠 과제활동을 준비하게 하는 데 있다. 평가의 근거는 모둠 과제활동을 위해 개별적으로 준비한 숙제 내용일 수도 있고, 과제 활동 수행을 보다 원활하게 하기 위해 교사가 이전 수업 수간에 미리 가르쳐 준 과제활동 관련 어휘나 표현들에 대한 간단한 퀴즈도 될 수 있다.

과제 전 활동으로서의 숙제는 준비 정도에 따라 예를 들면 다음과 같이 평가될 수 있다. 즉 충분한 정보를 포함하고 있을 경우 4점, 약간 정보가 미흡한 경우 3점, 정보가 많이 모자랄 경우 2점, 숙제를 늦게 제출하는 경우 1점, 숙제를 제출하지 않은 경우 0점을 부여할 수 있다. 하지만 숙제의 목적이 학생들로 하여금 다가오는 모둠활동에 대한 준비를 하게 하는 것이기 때문에 학생들은 교사가 요구한 바대로 숙제를 완성해서 제 때 제출만 하면 그 내용을 떠나서 모두 만점을 받을 수 있도록 하는 것이 바람직하다. 그렇게 함으로써 평소 영어 능력이 우수한 학생들뿐만 아니라 그렇지 못한 학생들도 열심히만 하면 좋은 점수를 받을 수 있기 때문에 동기 유발이 된다. 반면에 숙제를 제 때 제출하지 않은 경우에는 그 내용을 떠나서 감점이 많이 된다는 것을 학생들로 하여금 알게 할 필요가 있다. 왜냐하면 모둠 과제활동에 대한 개별 학생들의 준비가 제대로 되지 않으면 모둠의 과제 수행 자체에 악영향을 미치기 때문이다.

어휘나 표현 학습에 대한 퀴즈의 결과는 예를 들면 다음과 같이 평가할 수 있다. 즉, 모든 문항에 대해 정답을 썼을 때 4점, 몇 개 문항이 틀렸을 때 3점, 여러 개 문항이 틀렸을 때 2점, 거의 모든 문항이 틀렸을 때 1점, 모든 문항이 틀렸을 때 0점을 부여할 수 있다. 시험 지향적인(test-oriented) 학생들의 성향을 이용하는 것도 교수전략의 하나이다.

단, 퀴즈가 학생들에게 지나친 부담을 주는 것은 피하는 게 좋다. 학생들이 알아야 할 것을 가볍게 점검하는 정도면 충분하다. 따라서 각 항목에 대한 점수 배점이나 기준은 교사의 판단에 따라 결정할 일이다.

2) 과제활동에 대한 평가

과제활동 수행에 대한 평가는 학생들이 모둠 과제활동에 열심히 참여하는지 안 하는지에 대한 교사의 관찰과 과제 수행이 끝나고 있을 모둠 별 구두 발표에 의해 내려질 수 있다. 모둠 과제활동 참여에 대한 평가를 위해서 교사는 학생들이 개인으로서 또한 모둠 구성원으로서 모둠의 과제활동에 어떻게 참여하는지를 보아야 한다. 과제활동 수행에 대하여 개인 학생들은 예를 들면 네 가지 종류의 점수를 부여받을 수 있다. 즉, 참여 점수, 목표언어로 의사소통 하고자 하는 노력 점수, 모둠 구성원들과의 협동을 위한 노력 점수, 구두 발표 점수가 그것들이다. 여기서 앞의 두 가지 점수 즉, 참여 점수와 목표언어로 의사소통 하고자 하는 노력 점수는 개인의 수행에 따라 달리 부여되는 것이며, 뒤의 두 가지 점수 즉, 모둠 구성원들과의 협동을 위한 노력 점수, 구두 발표 점수는 모둠 전체에 부과되는 점수이다. 따라서 이 점수는 모든 모둠 구성원들이 같은 점수를 부여받게 된다. 이렇게 모둠 구성원들이 같은 점수를 받게 하는 것은 모둠활동은 모든 구성원들이 협력하는 것이 중요하다는 인식을 심어주기 위한 것이다.

학생들이 과제활동에 얼마나 적극적으로 참여하였는지에 따라 예를 들면 점수는 다음과 같이 부여될 수 있다. 즉, 활발히 참여하였을 때 4점, 보통이었을 때 3점, 수동적이었을 때 2점, 매우 수동적이었을 때 1점을 부과할 수 있다. 목표언어 사용 노력 또한 마찬가지로 활발히 사용하였을 때 4점, 보통이었을 때 3점, 드물게 사용하였을 때 2점, 매우 드물게 사용하였을 때 1점을 부과할 수 있다. 또한 모둠 구성원들과의 협동을 위한 모둠 전체 구성원들의 노력에 대해서는 예를 들면 다음과 같이 점수를 부여할 수 있다. 즉, 많은 노력을 기울였을 때 4점, 그런대로 노력을 기울였을 때 3점, 노력이 부족했을 때 2점, 노력이 아주 부족했을 때 1점을 부과할 수 있다. 마지막으로 모둠의 구두 발표에 대해서는 잘 하였을 때 4점, 비교적 잘 하였을 때 3점, 다소 미흡했을 때 2점, 많이 미흡했을 때 1점을 부과할 수 있다. 하지만 역시 각 항목에 대한 배점이나 기준은 교사가 판단하여 결정할 일이다.

3) 과제 후 활동에 대한 평가

과제 수행이 끝난 후 학생들은 숙제로 수업 시간에 했던 과제 내용에 대해 글로 요약하여 제출하는 것이다. 이 모둠활동 요약하기는 모둠 구성원들이 과제활동을 통해 산출해 낸 정보를 담고 있으면 되며 예를 들면 다음과 같이 평가할 수 있다. 즉, 모둠 과제활동 결과에 대해 충분한 정보를 잘 반영하고 있을 때 4점, 그런대로 잘 반영하고 있을 때 3점, 약간 미흡할 때 2점, 매우 미흡할 때 1점, 아예 숙제를 내지 않았을 때 0점을 부과할 수 있다. 이 숙제의 목적은 학생들이 모둠활동에 집중하게 하기 위함이다. 따라서 모둠활동을 열심히 하고 숙제가 그것을 잘 반영하고 있을 경우 만점을 받을 수 있도록 한다.

이와 같은 모둠활동 요약하기 숙제 외에도 교사의 재량에 따라 학생들에게 다른 종류의 숙제를 부과할 수 있다. 숙제의 근본 취지는 학생들로 하여금 교실에서 다 하지 못한 것을 집에서 하면서 자율성을 기르도록 하는 것이기 때문에 그 양이나 내용이 학생들에게 지나치게 부담을 주지 않는 한 부과하는 것이 필요한데, 그 형태는 쓰기, 구두 발표, 간단한 퀴즈 등 여러 가지가 있을 수 있다. 어떤 종류의 숙제를 부과하든지 한 가지 중요한 것은 숙제가 학생들에게 지나친 부담을 주어서는 안 되며, 학생들이 현재 가진 목표언어 능력의 수준과 관계없이 누구나 해낼 수 있어야 하며, 또한 열심히 노력만 하면 누구든 좋은 점수를 받을 수 있어야 한다는 것이다. 거듭 말하지만 과제 후 활동으로서의 숙제의 초점은 학생들로 하여금 수업에 집중하게 하고, 배운 것을 내재화할 수 있게 해주며, 또한 배운 내용을 좀 더 확장할 수 있도록 하는 데 있어야 한다. 숙제를 위한 숙제, 학생들에게 의미가 없는 숙제가 되어서는 곤란하다.

〈각 단계 별 평가의 예〉

Activity	Focus of Evaluation	Method	Performer	Score
Pre-task	Preparation Effort	Homework	Individual	/4
	Knowledge of Vocabulary & Useful Expressions	Quiz	Individual	/4
Task	Participation in the Group Task	Observation	Individual	/4
	Effort to communicate in the TL	Observation	Individual	/4
	Efforts to cooperate with group members	Observation	Group	/4
	Oral Presentation	Observation	Group	/4
Post-task	Summary of the Task	Homework	Individual	/4
NAME : ______________		TOTAL SCORE		/28

위의 표는 개인 학생들에 대한 교사의 평가지의 예를 소개한 것이다. 표를 보면 알 수 있듯이 평가지에는 평가의 초점, 평가 방법, 평가 대상, 각 평가 항목에 부여되는 점수 등이 포함되어 있다. 하지만 각 항목에 4점 만점으로 점수를 부과한 것은 순전히 자의적으로 결정한 것이며, 실제로 몇 점을 부과할 것인지에 대한 결정은 학교의 평가 지침이나 여러 가지 다른 여건 등을 고려하여 교사들이 직접 결정해야 할 사항이다. 따라서 표에 제시되어 있는 총점 28점도 얼마든지 바뀔 수 있으며, 또한 다른 점수로 변환될 수도 있다.

아래 표에 제시된 것은 과제중심 수업계획과 평가에서 고려되어야 할 사항들을 요약한 것이다.

〈수업계획과 평가에서 고려해야 할 사항〉

	Pre-task	Task	Post-task
Objective(s)	Preparation for the group task	Communicative interaction among the group members Sharing the completed task with the other groups	Consolidation & Expansion
Materials	Vocabulary, Structure & Expressions	Information on food chosen by individual students	Materials provided by the teacher & selected by individual students
Activities	Individual work & Whole class work	Group work & Individual work	Individual work & Whole class work
Evaluation method	Comprehen-sion check & Quiz	Teacher observation of group task Oral presentation Teacher evaluation of the written summary of the task	Quiz & Teacher Evaluation of homework

이상에서 과제중심 수업을 위한 수업에 대해서 저자 나름의 평소 믿음과 판단에 근거하여 몇 가지 추천 사항을 기술하였다. 비록 이러한 추천 사항들이 모든 것을 망라했다고는 말할 수 없으나, 우리나라와 같은 EFL 상황에서 부분적이나마 과제중심 언어교육을 실시한다고 할 때 고려되어야 할 부분들임에는 틀림없다고 생각한다.

다음 장에서는 과제중심 언어교육을 실시하고자 하는 영어교실에서 실제 수업을 어떻게 할 수 있는지를 보여주기 위해서 초등학교, 중학교, 그리고 고등학교 수업의 예를 각각 하나씩 수록하였다.

제7장 과제중심 영어수업의 예

1. 초등학교 수업의 예
2. 중학교 수업의 예
3. 고등학교 수업의 예

아래에 소개되는 과제중심 영어수업은 한 시간에 모든 것이 진행되는 것이 아니라, 이전 수업 시간부터 다음 수업 시간까지 연결되는 것임을 알 필요가 있다.

1. 초등학교 수업의 예

1. 주제

: 선호하는 것

2. 수업 목적

: 학생들은 자신이 선호하는 것에 대해 서로 영어로 말할 수 있다.

3. 수업 목표

1) 학생들은 과일의 이름에 대해 배운다.
2) 개별 학생들은 자신이 선호하는 과일에 대해 모둠의 친구들에게 얘기할 수 있다.
3) 학생들은 교사가 제공하는 읽기 자료를 이해할 수 있다.
4) 개별 학생들은 친구들로부터 좋아하는 과일에 대한 정보를 얻고 그것에 대해 기술할 수 있다.

4. 수업 자료

1) 과일 이름과 그림 (과제 전 활동 자료)
2) 자신이 선호하는 과일에 대해 적는 표 (과제 전 활동 자료)
3) 모둠활동 후 구성원들이 선호하는 과일에 대한 정보를 적는 표 (과제활동 자료)
4) 인터뷰 용지 (과제활동 자료)

5. 과제: 급우들이 좋아하는 과일에 대해 조사하기

학생들은 5~6명이 한 모둠이 되어 그 구성원들에게 각자가 선호하는 과일에 대해 얘기를 한다. 이 활동을 위하여 학생들은 숙제로 미리 자신이 좋아하는 과일에 대한 정보를 교사가 제공한 해당 용지에 적어 온 상태이다. 구두로 자신이 좋아하는 과일을 소개하는 것이 모두 끝나면 모둠별로 교사가 미리 제공한 표를 완성해서 제출하여야 한다. 그 표에는 모둠 구성원들이 좋아하는 과일에 대한 정보가 모두 들어가게 된다. 이때 실제 표를 작성하는 것은 개별적으로 돌아가면서 해도 되지만 모둠 대표가 작성하고 나머지 구성원들은 구두로 필요한 정보를 말해주는 것도 좋다.

모둠활동이 끝나고 나면 구성원들은 개별적으로 다른 모둠의 구성원들 중 아무나 세 명을 선택하여 교사가 제공한 인터뷰 용지의 질문을 하면서 개별 인터뷰를 하게 된다. 인터뷰 용지에는 다섯 가지 질문이 포함되어 있다. 즉, 과일을 좋아하는지, 무슨 과일을 가장 좋아하는지, 얼마나 자주 먹는지, 누가 사주는지 등이다.

6. 진행 절차

1) 과제 전 활동(Pre-task Activity) (전체활동 및 개별활동)

(1) 선호하는 과일에 대해 학생들에게 질문하기

먼저 교사는 자신이 좋아하는 과일에 대해 그림과 함께 소개한 뒤 학생들에게 다음과 같은 질문을 던지고 잘 하는 한 두 명의 학생들에게 질문을 던져서 시범을 보인다.

Q1. What's your favorite fruit?

Q2. When do you usually eat it?

Q3. How often do you eat it?

Q4. Where do you usually eat it?

Q5. Who gets it for you?

등등.

(2) 어휘 학습

교사는 다양한 과일의 그림과 함께 과일 어휘들을 소개하고 따라 읽기, 기억 게임 등을 통해 학생들이 어휘에 익숙해지도록 연습시킨다.

예) 과일의 종류

watermelon	strawberry	apple	mango	grapefruit

grape	peach	orange	lemon	cherry
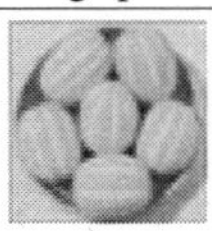				
melon	pear	banana	blueberry	pineapple

예) 기억 게임 (전체 활동)

① 교사는 우선 학생들에게 게임에 대해 설명한다. 파워포인트로 아래 과일이 있는 그림을 몇 초 동안 보여주고 난 뒤 없애고, 오른 쪽의 빈 칸만 있는 그림을 다시 보여 주고, 학생들은 어느 칸에 무슨 그림이 있었는지 기억해야 하는 게임이다. 어린 초등학생들이기 때문에 문장을 제대로 만들 능력이 없어서 교사가 전체 학생들을 대상으로 함께 게임을 한다.

② 이 게임의 목적은 학생들에게 암기를 시키고자 하는 것이 아니라, 게임을 하면서 반복해서 목표 어휘를 말하고 듣게 하기 위한 것이다. 게임을 하면서도 교사는 계속 다양한 표현들을 들려줌으로써 언어 입력을 극대화 하는 노력이 필요하다. 학생들이 하나하나 맞출 때 마다 그림이 빈 칸에 나타나게 한다. 질문은 전체를 대상으로 하기도 하고 개별적으로 하기도 하면서 학습 참여도를 높이고 게임에 집중해야만 하도록 약간의 긴장감을 준다.

〈기억 게임을 위해서 화면에 제시할 그림〉

1	2	3
4	5	6
7	8	9

T: "What's picture 3? Apple, pear? Do you remember?"
Ss: "Apple."
T: "Right. Apples." (빈칸에 사과 그림이 나타난다.)
"Wow, they are green apples."
T: "Now, Is picture 5 watermelon?"
Ss: "No. It's peach."
T: "Oh, it's a peach. (빈칸에 복숭아 그림이 나타난다.)
"It looks delicious!
T: I guess Number 9 is banana. Am I right?"
Ss: "Yes!" (빈칸에 바나나 그림이 나타난다.)

T: "Can anyone tell me what Number 8 is?"
S1: "Pear."
T: "Excellent! It's a pear." (빈칸에 배 그림이 나타난다.)
T: "How about Number 4? "S2, can you tell us?"
S2: "Grape"
T: "Yes, grapes." (빈칸에 포도 그림이 나타난다.) 등등.
. . . . . .
T: Wow, all the boxes are filled! Good job!
Do you guys like fruit? Raise your hands.
(Most students raise their hands.)
T: Most of you do, but some don't.

(3) 과제활동 준비를 위한 숙제

학생들에게 다음 시간에 있을 과제활동을 위하여 미리 자신이 좋아하는 과일에 대해 말할 수 있도록 아래 표와 같은 숙제 종이를 분배하고 빈 칸을 영어로 메워오게 한다. 그리하여 그 표에 적힌 내용을 바탕으로 다음 시간에 있을 모둠활동 중 모둠 구성원들에게 자신이 좋아하는 과일에 대해 얘기하게 한다. 이 때 학생들이 사실 그대로를 얘기하도록 하는 것이 좋다. 따라서 1번 문항에 대해 No.라고 답한 학생은 그 다음 문항들에 답을 할 필요는 없다. 단, 과일을 싫어하는 경우 왜 싫어하는지 이유를 쓰게 하는 것은 좋다.

〈과제활동 준비를 위한 숙제〉

	My Favorite Fruit Name: ______________	
1.	Do you like fruit?	
2.	What's your favorite fruit?	
3.	How often do you eat the fruit?	
4.	Who usually gets the fruit for you?	
5.	Other	

(4) 어휘 지식에 대한 퀴즈

과제 전 활동으로 학생들에게 소개된 어휘나 표현들을 학생들이 학습하도록 함으로써 과제활동을 보다 원활히 하기 위해 다음 시간에 간단한 퀴즈가 있을 것이라는 것을 미리 예고한다.

〈어휘 지식에 대한 퀴즈의 예〉

Name: ________________	Score: ______
※다음 빈 칸에 알맞은 단어를 고르세요.	
1.	What's your ______ fruit? ① like ② love ③ favorite ④ enjoy
2.	The color of _______ is yellow. ① banana ② strawberry ③ watermelon ④ blueberry
3.	How _____ do you eat the fruit? ① never ② always ③ often ④ usually
4.	Who usually gets the fruit ____ you? ① on ② in ③ by ④ for
5.	_____ you like fruit? ① Can ② Do ③ Are ④ Is

퀴즈는 학생들로 하여금 다음 시간의 모둠활동이 원활히 되게 하기 위해 미리 학습을 하게 하는 목적이므로 시간이 많이 걸리거나 너무 부담을 주어서는 안 되며, 쉽고 간단한 게 좋다. 하지만 학생들로 하여금 진지하게 퀴즈에 임할 수 있도록 비중은 작더라도 일정 부분 점수를 부여하는 것은 필요하다.

2) 과제활동(Task Activity) (모둠활동 및 짝활동)

(1) 자신이 좋아하는 과일에 대해 말하고 듣기(모둠활동)

이전 시간의 수업과 숙제를 통해서 과제활동에 대한 준비가 된 후 학생들은 드디어 과제 수행을 하게 된다. 먼저 모둠활동으로 자신이 좋아하는 과일에 대해 차례로 모둠 구성원에게 소개를 한다. 개인적인 소개가 모두 끝나면 모둠 구성원들은 교사가 제공한 아래 표를 완성하여 제출하여야 한다. 이 표는 각 모둠 구성원에 대한 정보를 써 넣도록 되어 있는데, 각자 자신의 정보를 돌아가며 써넣어도 좋고, 개인 구성원이 말해주는 정보를 모둠 대표가 써넣게 해도 좋다.

〈모둠 구성원들에 대한 조사표의 예〉

Group: ____________________

Student Name	Do you like fruit?	What's your favorite fruit?	How often do you eat it?	Who usually gets the fruit for you?

모둠 구성원들 개개인에 대한 정보를 써 넣는 표가 완성되는 동안 학생들은 자신의 정보가 기입되고 나면 각자 교실 뒤편 벽으로 가서 교사가 붙여놓은 조사표(survey sheet)에 자신이 좋아하는 과일 옆에 미리 준비해 놓은 별(자신의 학생 번호가 쓰여 있는 것을 고름)을 하나 붙인다. 이 작업이 완성되면 아래 예와 같이 학급 전체 학생들의 과일 선호도를 알 수 있는 표가 만들어지게 된다. 그러면 교사는 이 표를 이용하여 학급 학생들이 좋아하는 과일에 대해 얘기할 수 있다.

〈완성된 과일 선호도 조사표의 예〉

What is your favorite fruit?

Total number of students: 28

apple	★★ (2)	pear	★★ (2)
watermelon	★★★ (3)	peach	★★★ (3)
grape	★★★ (3)	strawberry	★★★★ (4)
orange	★★ (2)	melon	★★ (2)
banana	★ (1)	cherry	★★★ (3)
pineapple	★★ (2)	Don't like fruit	★ (1)

(2) 인터뷰하기(짝활동)

위의 모둠활동이 완성되고 나면 각 구성원들은 자신이 속한 모둠이 아닌 다른 모둠의 구성원들 중에서 자신이 원하는 급우 세 명에게 다가가 교사가 제공한 아래 표의 내용을 토대로 인터뷰를 한다. 이 때 인터뷰는 서로 주고받는 입장이 되어도 좋다. 즉, 인터뷰 질문을 한 사람이 인터뷰가 끝나면 입장을 바꾸어서 상대방으로부터 인터뷰 질문을 받는 사람이 되는 것을 의미하는데, 이렇게 함으로써 학생들 입장에서는 질문에 대한 답을 하고 난 뒤 자신이 질문할 사람을 새롭게 찾아가야 하는 번거로움을 덜 수 있다.

〈인터뷰 용지의 예〉

	Sunhee	______	______
Do you like fruit?	Yes		
What's you favorite fruit?	strawberry		
How often do you eat it?	2~3 times a week in summer		
Who gets the fruit for you?	mom or aunt		
Other	.		

3) 과제 후 활동(Post-task Activity)

(1) 친구에 대해 글쓰기(개별활동)

학생들이 개별적으로 오늘 인터뷰한 세 명의 친구들 중 한 사람의 정보를 이용해 그 사람에 대해서 글을 써 보고 해당 과일의 그림도 그려보게 한다. 아래 제시된 것은 그 한 예로서 수업 시간에 모델로 보여주기도 해야 하지만 학생들이 숙제를 하면서 참고할 수 있도록 교사의 웹 페이지에 올려놓는다.

〈완성된 숙제의 예〉

Sunhee's Favorite Fruit

Sunhee is my classmate. She likes fruit. Her favorite fruit is strawberry. She likes it because it is delicious and the color is pretty. She likes red color. Also, she likes it because it is good for health. She eats it very often in summer, 2 or 3 times a week. Her mom or her aunt usually gets it for her. She loves the fruit.

(2) 숙제 내용 발표하기(개별활동)

그 다음 시간의 시작 시 학생들에게 숙제로 해온 것을 발표하게 한다. 모든 학생이 다 발표할 수 있는 시간이 없기 때문에 지원자 한두 명과 지명자 몇 명만 발표를 하게 한다. 학생들의 입장에서는 언제든지 자신도 지명을 당할 수 있다는 긴장감이 있기 때문에 발표에 대비해 미리 준비를 하게 하는 효과가 있다.

4) 평가

모든 과제활동이 끝나고 나면 교사는 학생들 개개인의 수행에 대한 평가지를 작성해야 한다. 과제활동에 있어서의 개별 학생에 대한 평가지의 예는 아래와 같다. 평가지에 나타나 있듯이 개별 학생의 점수는 개인이 받은 점수와 모둠이 받은 점수로 구성되어 있다. 즉, 모둠 전체의 활동이 개인의 점수에도 영향을 주도록 되어 있다.

〈개별 학생의 전체 과제활동에 대한 평가지의 예〉

활동	평가의 초점	평가 방법	평가 대상	점수
과제 전	모둠활동 준비	숙제	개인	/4
	어휘 및 표현 지식	퀴즈	개인	/4
과제	모둠활동 참여 정도	관찰	개인	/4
	목표언어사용 노력 정도	관찰	개인	/4
	모둠 구성원들 간의 협력 정도	관찰	모둠	/4
	모둠별 구두 발표	관찰	모둠	/4
과제 후	숙제 발표 내용	숙제	개인	/4
이름 : ________		총점 : ______ /28		

2. 중학교 수업의 예

1. 주제

: 음식

2. 수업 목적

: 학생들은 한국 음식에 대해 외국인에게 영어로 소개할 수 있다.

3. 수업 목표

1) 학생들은 다양한 음식들을 묘사하는 데 필요한 영어 어휘와 표현을 안다.
2) 학생들은 자신이 좋아하는 음식에 대해 영어로 쓸 수 있다.
3) 학생들은 자신이 좋아하는 음식에 대해 모둠 구성원에게 구두로 얘기할 수 있다.

4) 학생들은 교사가 제공한 액션시리즈를 기억하고 묘사할 수 있다.
5) 학생들은 교사가 제공한 읽기 자료를 이해할 수 있다.

4. 수업 자료

1) 음식에 대한 목표 어휘 및 표현
(과제 전 활동을 위해 교사가 준비한 자료)
2) 내가 가장 좋아하는 음식
(과제 전 활동으로 개별 학생들에 의해 숙제로 준비된 자료)
3) 음식에 대한 액션시리즈
(과제 후 활동을 위해 교사가 준비한 자료)
4) 음식에 대한 읽기 자료
(과제 후 활동을 위해 교사가 준비한 자료)

5. 과제: 주말 저녁 식사로 먹을 음식 정하기

학생들은 5~6명이 한 모둠이 되어 주말에 저녁으로 먹을 음식에 대해 결정을 하게 된다. 이 모둠활동을 위하여 학생들은 이전 시간에 숙제로 자신이 좋아하는 음식에 대해 글을 써서 다음 수업 시간에 있을 모둠활동을 위해 가져와야 한다. 모둠활동을 하는 동안 학생들은 자신이 좋아하는 음식에 대해 그림과 함께 구두로 모둠 구성원들에게 소개를 한다. 각 구성원들이 각자 자신이 좋아하는 음식 소개를 모두 마친 후에 구성원들은 그 음식들 중 자신들이 주말 저녁에 먹게 될 음식 하나를 선택하게 된다. 이 과정에서 모둠 구성원들은 서로 음식에 대해 질문과 답을 하면서 상호작용을 하게 되며, 마침내 서로간의 협상에 의해 한 가지 음식만을 정하게 된다.

6. 진행 절차

1) 과제 전 활동(Pre-task Activity)

(1) 좋아하는 음식에 대해 질문하고 답하기(전체활동)

교사가 먼저 자신이 좋아하는 음식에 대해 소개함으로써 시범을 보인다. 그리고 학생들에게 다음과 같은 질문을 던진다.

Q1. What's your favorite food?

Q2. Do you know how to cook it?

Q3. What's the main material?

Q4. Where do you usually eat it, at home or at the restaurant?

Q5. How often do you eat it?

Q6. What type of restaurant do you have to go to for the food? etc.

(2) 어휘 및 표현 학습 (전체활동)

교사는 학생들이 음식에 대해 좀 더 쉽게 묘사할 수 있도록 하기 위해 음식에 대한 어휘와 표현들을 소개하고 연습시킨다. 여기서 물론 교사는 학생들이 꼭 알아야 할 문법 사항이 있으면 이에 대해 설명을 곁들인다.

예) 어휘/표현 학습

<Cooking>
cut, slice, peel, boil, fry, bake, steam, stir, chop, etc.
<Material>
beef, pork, chicken, meat, fish, shrimp, lobster, oyster, seafood, etc.

<Tastes>
sour, sweet, salty, flat, greasy, bitter, spicy, hot, cold, hard, soft, tender, crispy, strong, mild, tasty, crispy, crunchy, delicious, rich, creamy, bland, whishy-washy, etc.
<Condiments>
garlic, salt, sugar, sesame oil, mustard, pepper, black pepper, etc.
<Vegetable>
onion, green onion, cucumber, mushroom, potato, sweet potato, lettuce, cabbage, corn, broccoli, spinach, pea, bean, carrot, soy sauce, etc.

<Expressions>
- Try xxx. It's good for your health.
- Have you tried this food?
- It smells strong, but it is delicious.
- We have three meals a day.
- I'll try it.
- It's delicious.
- It's a healthy food.
- It's a junk food.
- It smells good.
- It tastes good.
- It tastes funny.
- I am on a diet.
- It's spicy but delicious.
- It's too spicy for you.

etc.

(3) 숙제: 내가 좋아하는 음식에 대해 소개하는 글쓰기 (개별활동)

모둠 과제를 위하여 교사는 전 시간에 숙제를 내야 하는데, 그 숙제는 학생들로 하여금 자신이 좋아하는 음식에 대해 소개하는 글을 쓰게 하는 것이다. 이와 같은 숙제를 내는 목적은 학생들이 그 다음 시간에 있을 모둠활동을 위해 자신을 준비시키기 위함이다. 아무런 사전 준비

없이 모둠활동에 참여하면 그 만큼 참여도가 떨어지게 마련이므로 반드시 필요한 과정이다.

개별 학생들의 완성된 숙제는 자신이 좋아하는 음식의 그림과 교사의 웹 페이지에 올라 있는 질문에 대한 답을 포함하고 있어야 한다. 교사가 질문을 하는 이유는 학생들이 글쓰기를 할 때 아무런 가이드 없이 그냥 쓰게 되면 너무 막연하게 생각될 수 있기 때문이다. 따라서 교사가 질문을 미리 줌으로써 그 질문에 대한 답을 하다보면 자연히 글의 내용이 채워질 수 있도록 하기 위함이다.

숙제는 자신의 힘으로 하게 하는 것이 중요하다. 그리고 항상 숙제는 최선을 다 하여야 한다는 인식을 심어주는 것이 필요하다. 남의 것을 베낀다거나 남이 해주는 것으로는 모둠활동을 비롯한 여러 가지 학습활동에서 제대로 할 수 없다는 인식을 평소에 학생들이 갖도록 만드는 것이 필요하다. 이를 위한 교수전략의 하나로 교사는 숙제를 항상 점검하며 또한 점수화한다는 것을 학생들이 알게 할 필요가 있다.

학생들에게 지나치게 부담을 주지 않는 숙제, 열심히 하려는 의지만 있으면 누구나 해낼 수 있는 숙제, 또한 열심히만 하면 누구나 좋은 점수를 받을 수 있는 숙제는 학생들의 동기 유발과 교실에서의 효과적인 과제 수행을 위해 반드시 필요하다. 다음은 학생들이 다음 수업 시간에 있을 모둠활동을 위해서 개별적으로 준비해 와야 할 숙제 내용이다. 교사가 전 시간에 숙제로 미리 배부한 정보지를 완성하고 그 것을 바탕으로 자신이 좋아하는 음식에 대해 소개하는 것인데, 모둠활동이 끝나고 나면 이 숙제는 교사에게 제출하여야 하며 이들은 점수화된다.

학생들이 제출해야 할 완성된 숙제의 예는 다음과 같다.

〈음식 정보지〉

	My Favorite Food Name: ________________	
1	What's your favorite food? :	*Chilli Shrimp*
2	Do you know how to cook it?:	*No*
3	What is the main material?	*Shrimp*
4	Where do you usually eat it, at home or at the restaurant?	*at home*
5	How often do you eat it?	*once a month*
6	What type of restaurant do you have to go to eat the food?	*Chinese*
7	Other	

〈내가 좋아하는 음식에 대한 작문의 예〉

My favorite food

This is Chilli Shrimp. It is my favorite food, but I don' t know how to cook it. The main material is shrimp, so I think it' s a healthy food. It' s really delicious. It tastes sweet, sour and a little spicy. I usually eat it at home about once a month. My mom is not a very good cook, but her Chilli Shrimp is really good. Look at the picture! It looks good, isn' t it? It smells good, too. You can have it at a Chinese restaurant. It is a little expensive, about 15,000 won for one dish. I like it so much! I hope you like it, too.

(4) 어휘 및 표현에 대한 퀴즈(전체 활동)

과제 전 활동으로서 실시되는 퀴즈의 목적은 학생들을 모둠의 과제 활동에 대해 준비하게 만드는 것이다. 학생들은 자신의 노력에 대한 평가가 주어지지 않으면 일반적으로 관심을 갖지 않든가 열심히 하지 않는 경향이 있다. 따라서 퀴즈를 통해 학생들로 하여금 모둠활동을 보다 원활히 할 수 있게 만드는 것이 필요하다. 아래 제시된 것은 그러한 퀴즈의 한 예이다.

〈어휘 및 표현에 대한 퀴즈의 예〉

NAME: ______________	Score: ________
※ Direction: Fill in the blanks with a word starting with the given letter. 1. It is too __________. (너무 짜요.) [s] 2. It is a __________ food. (몸에 좋은 음식이에요.) [h] 3. It is __________ but delicious. (맵지만 맛있어요.) [s] 4. It __________ good. (맛이 좋아요.) [t] 5. I am ___ a diet. (저는 다이어트 중이에요.) [o] 6. We have three ________ a day. (우리는 하루 세끼를 먹어요.) [m] 7. It _________ strong. (냄새가 강해요.) [s] 8. ______ this food. (이 음식을 드셔보세요.) [T]	

2) 과제활동(Task Activity) (모둠활동)

모둠활동을 하는 동안 각 구성원들은 자신이 좋아하는 음식에 대해 소개하고 모둠 구성원들로 하여금 자신이 추천한 음식을 선택하도록 설득한다. 서로 의견 교환을 통하여 마침내 모둠에서 주말 저녁 식사로 함께 맛볼 음식을 한 가지 정한다. 이렇게 음식이 정해지면 각 모둠은 자신들이 선택한 음식에 대해 구두로 발표를 하고 다른 모둠 구성원들은 그들의 발표를 경청한다. 이 때 구두 발표는 모든 구성원들이 참여하는 형태로 하는 것이 좋으며, 교사가 미리 제공한 다음과 같은 질문에 대한 답을 포함하게 함으로써 모둠 간의 발표 내용에 어느 정도 통일성을 갖게 한다.

〈구두 발표에 포함시켜야 할 내용을 위한 질문의 예〉

※ *Your oral presentation must include answers to the following questions:*
Q1. What kinds of foods were recommended by the group members?
Q2. What is the name of the food chosen?
Q2. What is the main material of the food?
Q3. When are you going to have it?
Q4. Where are you going to have it?
Q5. How much money will you need to eat the food? etc.

구두 발표가 끝난 뒤 각 모둠은 자신들이 선택한 음식과 자신들의 주말 저녁 식사 계획에 대한 정보지를 완성하여 제출하여야 한다. 이 정보지는 교사가 미리 만들어서 각 모둠에 과제 수행 전에 미리 제공하여야 한다. 또한 교사의 질문 외에도 학생들은 자신들이 선택한 음식에 대해 얼마든지 다른 정보들도 포함할 수 있다는 것을 알린다. 다음은 정보지의 한 예이다.

〈식사 계획에 대한 정보지의 예〉

The Food We Have Chosen Group: ______________		
1	Names of the foods recommended:	
2	Name of the food chosen:	
3	Main material(s):	
4	When to eat:	
5	Where to eat:	
6	Amount of money necessary per person:	
7	Other:	

3) 과제 후 활동(Post-task Activity)

(1) 액션시리즈 익히기(개별활동)

모둠 별 과제 수행이 끝난 뒤 과제 후 활동으로 교사는 학생들이 해야 할 숙제를 낸다. 숙제는 두 가지인데 하나는 교사가 웹 사이트에 올린 액션시리즈(부록 A 참조)를 공부하여 그 다음 시간에 그것에 관한 간단한 구두 발표나 퀴즈를 보는 것이고, 나머지 하나는 역시 교사가 웹사이트에 올려놓은 “The origin of hamburger”와 “Kimchi, the Korean food”과 같은 음식에 관한 읽기 자료들(부록 B 참조)을 읽는 것이다.

첫 번째 숙제인 액션시리즈는 생활영어 표현들로 이루어져 있어서 꾸준히 하면 학생들의 구두 표현 능력 향상에 많은 도움이 될 것이며, 학생들에게도 이 점을 주지시킨다. 액션시리즈 표현들을 제대로 공부했는지 여부는 그 다음 시간에 교사가 간단히 구두로 발표하게 하거나 퀴즈를 보는 것으로 점검을 해도 좋고, 학교에서 정기적으로 실시하는 정기고사에 문항을 포함시켜 실시하여도 좋다. 퀴즈는 모든 학생들이 동시에 보는 것이므로 시간이 많이 걸리는 문제는 없지만, 구두 발표의 경우에는 시간적인 제약으로 단 몇 명밖에 기회를 줄 수가 없다는 한계가 있다. 하지만 교사가 숙제 점검을 한다는 사실 자체만으로도 학생들에게 공부를 하게 만드는 효과가 있기 때문에 교사에게 퀴즈에 비해서 부담이 덜 가는 이 방법도 경우에 따라 사용하는 것이 필요하다.

숙제에 대한 구두 발표를 할 때 교사는 학생들에게 지나친 부담이 가지 않도록 해야 한다. 예를 들면 액션시리즈의 경우에는 그 일부를 화면에 제공하거나 또는 다른 방법으로라도 학생들이 좀 더 쉽게 액션시리즈를 기억할 수 있도록 돕는 게 필요하다. 또한 지명당한 몇 명의 학생 외의 다른 학생들도 공부한 액션시리즈를 한 번 쯤 말해볼 수 있도록 전체 학생들에게 함께 말해볼 수 있는 기회를 제공하는 것이 필요하다. 적지 않은 교사들이 시간이 모자란다는 이유로 숙제를 제대로 했는지 점검도 하지 않는 경우도 있고, 또한 몇 명에게만 발표를 시키고 그냥 넘어가는 경우가 있는데, 나머지 학생들의 입장에서 볼 때 이는 공평하지 못하다. 그들도 공부한 것을 말해볼 기회를 가져야 한다.

(2) 읽기 지문에 대한 이해도 점검

읽기 자료를 제공하고 숙제를 내는 경우에는 그 다음 시간에 그 내용의 이해 정도에 대해 간단하게 점검을 하는 것이 좋다. 점검의 형태는 다양하게 있을 수 있지만 퀴즈를 내는 경우에는 학생들에게 지나친 부담을 주어서는 안 된다. 몇 문제의 True/False 질문만 포함해도 충분하다.

읽기 지문을 숙제로 낸 경우 한 가지 기억해야 할 것은 학생들의 개인차 문제이다. 어떤 학생들의 경우에는 하고 싶은 의욕은 있어도 현재 자신의 영어능력이 너무 낮아 교사가 숙제로 내어준 읽기 자료를 혼자 읽고 이해하는 게 어려울 수 있다. 이런 학생들을 위하여 교사는 읽기 자료의 번역본을 함께 웹페이지에 올려주는 것도 한 가지 방편이 된다. 그리하여 학생들이 필요할 경우 그것을 보고 글을 이해할 수 있도록 한다.

〈과제 후 활동에 대한 퀴즈의 예〉

NAME: ________________ Score: __________

※ Direction: Fill in the blank with an appropriate word.

1. ( ) the napkin, put it on your lap.
   냅킨을 펴서 무릎에 얹으세요.
2. It was a long ( ). 오랜 기다림이었네요.
3. Find a table that's not ( ). 빈자리를 찾으세요.
4. ( ) what you want. 원하는 것을 주문하세요.
5. ( ) up the menu. 메뉴를 집으세요.

※ Direction: Decide whether the statement is True(T) or False(F).

6. The hamburger has no connection to ham. (T / F)
7. Garlic is not a common ingredient for Kimchi. (T / F)
8. Kinchi is claimed to aid digestion. (T / F)
9. The best tasting Kimchi is stored in room temperature. (T / F)
10. It takes Kimchi one month to reach its full flavor. (T / F)

시간이 허락하면 퀴즈 후에는 읽기 자료를 한 번 복습해주는 것도 좋다. 하지만 대부분의 경우 시간이 부족한 관계로 수업 시간에 이를 모두 다룰 수 없기 때문에 학생들이 어려움을 느낄만한 부분만 골라서 다루어주고 나머지는 교사가 자신의 웹페이지에 읽기 자료와 함께 올려놓은 한글 번역을 학생들이 보고 스스로 하도록 독려한다. 물론 개별적인 질문은 언제든지 교사가 환영한다는 것을 학생들이 알게 하는 것이 좋다.

4) 과제활동에 대한 평가지의 예

아래에 제시된 것은 개별 학생들의 과제활동에 대한 평가지의 예이다. 평가지에 나타나 있듯이, 개별 학생에 대한 평가는 퀴즈 결과, 교사의 관찰, 숙제 등에 바탕을 두고 있으며, 개인의 점수뿐만 아니라 모둠 전체에 부과되는 점수도 포함된다.

〈개별 학생의 전체 과제활동에 대한 평가지의 예〉

활동	평가의 초점	평가 방법	평가 대상	점수
과제 전 활동	• 좋아하는 음식 정보지 작성 • 좋아하는 음식에 대해 쓰기	숙제	개인	/4
	• 음식에 관한 어휘/표현 지식	퀴즈	개인	/4
과제 활동	• 모둠활동 참여 정도	관찰	개인	/4
	• 목표언어사용 노력 정도	관찰	개인	/4
	• 모둠 구성원들 간의 협력 정도	관찰	모둠	/4
	• 식사 계획에 대한 정보지 작성 • 식사 계획에 대한 구두 발표	관찰	모둠 모둠	/4
과제 후 활동	• 액션시리즈 익히기 • 음식에 관한 지문 읽기	퀴즈	개인	/4
이름 :		총점:		/28

거듭 말하지만 저자가 제시하는 위의 평가지는 하나의 예에 불과하며 평가지 내용이나 배점, 기준 등은 여러가지 여건을 감안하여 교사 스스로 결정해야 할 사항들이다.

3. 고등학교 수업의 예

1. 주제
: 여행

2. 교수목적
: 학생들은 스스로 외국 여행 준비를 할 수 있다.

3. 수업 목표
1) 학생들은 교사가 수업 시간에 제공한 여행 관련 어휘와 표현을 이해하고 사용할 수 있다.
2) 학생들은 비행기 도착과 출발 스케쥴을 읽고 이해할 수 있다.
3) 학생들은 호텔 방과 비행기 표를 예약할 수 있다.
4) 학생들은 호텔로부터 온 예약 확인서를 읽고 이해할 수 있다.
5) 학생들은 시간 변경 안내문을 읽고 이해할 수 있다.
6) 학생들은 공중전화 카드 안내문을 이해하고 사용할 수 있다.

4. 수업 자료
1) 비행기 도착/출발 스케쥴(Flight schedule for arrival/departure)
2) 호텔 확인서(A confirmation letter)
3) 시간 변경 안내문(Notices for time change)
4) 공중전화 카드(A calling card)
5) 디즈니월드 입장권(A ticket to Disney World)
6) 방문 도시에 대한 정보를 묻기 위한 자료
(Asking for information about a town)

5. 과제: 외국 도시 방문을 위한 계획 짜기
학생들은 모둠별로 상호작용을 통해 자신들이 방문하고 싶은 외국 도시 하나를 정하고 그곳을 방문하기 위한 계획을 세운다.

6. 진행 절차:

1) 과제 전 활동(Pre-task Activity):

(1) 외국 여행 경험에 대한 질문하기

먼저 교사는 자신의 외국 여행 경험이 있으면 그 경험에 대해 학생들에게 얘기해 준다. 그리고 학생들에게 외국 여행 경험이 있는지 물어본다.

Q: Have you been to any foreign country?

Q: What did you like/hate most about the country?

Q: What kind of transportation did you use?

etc.

(2) 어휘 학습(전체 활동)

학생들의 과제 수행을 위해서 필요하다고 생각되는 어휘와 표현들을 교사가 잘 선별하여 과제 수행이 있기 전 수업에서 미리 소개함으로써 학생들의 과제 수행이 보다 원활히 되도록 돕는다.

〈예〉 어휘/표현 학습 (보다 많은 자료는 부록 C 참조)

reservation: (방, 등의) 예약 (=booking)

travel agency: 여행사	confirm: 확인하다
confirmation: 확인	origin: 출발지역
destination: 목적지	aircraft: 비행기
flight attendant: 비행기 승무원	deposit: 선금
available seats: 가능한 좌석	flight: 비행
connecting flight: 연결 비행기	take off: 이륙하다

landing: 착륙
passenger: 승객
local time: 현지 시각
arrival time: 도착 시각
vacancy: (호텔 등의) 빈방
deposit due date: 선금 납부 기한
guest: (호텔, 식당의) 손님
room type: 객실 종류
room rate: 객실 요금
long stay: 오래 머무름
fare machine: 요금 지불 기계
access card: 승차 카드
empty seat: 빈 좌석
back door: 뒷문
front door: 앞문
entrance door (들어가는 문)
exit door (나가는 문)
deposit amount: 선금 금액
round-trip ticket: 왕복여행 티켙
departure time/date: 출발 시각/날짜
arrival time/date: 도착 시각/날짜
check in: (비행기, 호텔 등) 탑승/투숙 수속
check out: (호텔 등에서) 나가기

Fasten your seatbelt. (안전벨트를 매십시오.)
Stow and latch handset during taxi, takeoff and landing.
(비행기가 움직이거나 이륙하거나 착륙할 때는 핸드세트를 제자리에 집어넣고 잠그세요.)
Life vest under your seat. (구명조끼는 좌석 밑에 있습니다.)
Stow monitor and cup holder during taxi, takeoff and landing.
(비행기가 움직이거나 이륙, 착륙할 때는 모니터와 컵 받침을 제자리에 집어넣으세요.)
Property of Korean Air. Removing this from the aircraft is strictly prohibited.
(대한항공 소유임. 비행기에서 이것을 가져가는 것은 엄격히 금지되어 있음)
This area under video serveillance(=watch)
(이 지역은 비디오 경비구역입니다.)
등등.

(3) 비행 스케쥴(Flight Schedules) (개별 및 전체활동)

학생들은 교사가 제공한 비행 스케쥴을 보고 출발 비행기가 무엇이며, 언제 어디를 출발하고, 어디를 경유하며, 도착지는 어디인지, 중간에 어떤 비행기로 갈아타야 하며, 중간 경유지에서는 얼마나 오래 머무르는지, 등에 대해 이해하고 말할 수 있어야 한다.

〈예〉 비행 스케쥴

Seoul/Incheon (ICN) - to - Dallas Fort Worth[TX] (DFW)
Date: July 06, 2012

	Flight #	Origin	Destination	Departure Time	Arrival Time
1	KE005	Seoul/Incheon (ICN)	Las Vegas [NV](LAS)	01 JUN- 20:50	16:00
	AA1532	Las Vegas [NV](LAS)	Dallas Fort Worth [TX] (DFW)	01 JUN - 18:20	22:50
2	KE011	Seoul/Incheon (ICN)	Los Angeles [CA](LAX)	01 JUN - 20:00	14:45
	AA2454	Los Angeles [CA](LAX)	Dallas Fort Worth [TX](DFW)	01 JUN - 16:25	21:20
3	KE017	Seoul/Incheon (ICN)	Los Angeles [CA](LAX)	01 JUN - 15:15	10:25
	UA5566	Los Angeles [CA](LAX)	Dallas Fort Worth [TX](DFW)	01 JUN - 12:11	17:10
4	KE001	Seoul/Incheon (ICN)	Los Angeles [CA](LAX)	01 JUN - 20:00	14:45
	AA338	Los Angeles [CA](LAX)	Dallas Fort Worth [TX](DFW)	01 JUN - 17:25	22:20
5	KE061	Seoul/Incheon (ICN)	Los Angeles[CA] (LAX)	01 JUN - 21:35	16:35
	UA6296	Los Angeles [CA](LAX)	Dallas Fort Worth [TX](DFW)	01 JUN - 19:08	23:59

교사가 제공한 위와 같은 비행 스케쥴을 보면서 학생들은 아래와 같은 교사의 질문에 답을 하도록 한다. 답을 하는 과정에서 학생들이 어려움을 겪는다고 판단되면 교사는 필요한 설명을 제공하며 학생들을 도와야 한다.

〈예〉

T: Look at the flight schedules from Seoul/Incheon (ICN) to Dallas Fort Worth[TX] (DFW) and answer my questions.

Q1. When does the earliest flight leave Incheon?

Q2. Name the cities where each aircraft stops on the way to the destination.

Q3. How long does KE011 stay at the Los Angeles airport?

Q4. What is the connecting flight that the passengers who leave Incheon at 9:35PM have to take?

Q5. What is the local time when the passengers who leave Incheon on KE017 arrive in Dallas Fort Worth?

(4) 호텔 확인서(개별 및 전체 학습)

교사는 학생들에게 아래와 같은 호텔 확인서를 나누어 주고 이해를 점검하고 설명이 필요하면 제공한다.

〈예〉

Q1. How many guests is the reservation for?

Q2. When are the guests planning to check in and check out?

Q3. How much money does Ms. Kim have to pay in advance?

Q4. Is there any additional payment necessary other than the room rates? For what?

Q5. What kinds of calls are free?

Q6. What is the regulation about the cancellation of the booking?

EXCULIBUR

Dear Ms. Kim:

Thank you for choosing Excalibur as your resort destination. We are pleased to confirm the following room reservation:

Name: S. Kim
Confirmation No. : 258723088
Arrival: 16/07/12
Departure: 21/07/12
No. of Guests: 2
Room Type: Widescreen Tower Room
Room Rates: 07/16/2012 $64.00 plus 12% tax per night
07/17/2012 $64.00 plus 12% tax per night
07/18/2012 $64.00 plus 12% tax per night
07/19/2012 $64.00 plus 12% tax per night
07/20/2012 $105.00 plus 12% tax per night
Deposit Due Date: 06/01/12
Deposit Amount: $68.08

A daily resort fee of $12.50 plus tax will be added to your room account. This will be assessed at check in and includes the following hotel services: in room wired internet; fitness center access; daily newspaper, unlimited local and domestic long distance and toll free calls and incoming faxes.

Guest must be 21 years of age in order to check into the hotel.

We trust you will enjoy your upcoming stay and look forward to welcoming you as a guest of Excalibur Hotel. Please contact the VIP Services at 800-933-7733 or 702-597-7733 for dinner or show reservations or if you have any questions prior to your arrival.

Sincerely,
Excalibur Hotel

(5) 디즈니월드 입장권 (전체활동)

여행 중에는 이름난 장소를 방문하는 경우가 있다. 여기서는 그런 경우의 예로서 잘 알려진 디즈니월드를 방문할 때 구입해야 하는 입장권을 학습자료로 사용한다.

A ticket to DISNEY WORLD

$37.00
plus tax

Greetings to you, WALT DISNEY WORLD guest!
This ticket entitles you to enjoy ONE DAY of:

* Admission to ONE of the following Theme Parks:
* MAGIC KINGDOM – Park
* Epcot
* Disney-MGM Studios (during regular operating hours)
* Unlimited enjoyment of the attractions (except those separately priced) in the ONE Theme Park you selected.

Thank you for visiting the WALT DISNEY WORLD resort!

READMISSION: Here's how to leave the Park you chose and return on the same day -

* At the exit turnstile, have your hand stamped.
* When you return, please show your handstamp and your Ticket at the re-entry turnstile.

Children under 7 years must be accompanied by an adult.
Walt Disney World Co. is not responsible for misplaced, lost or stolen tickets.

먼저, 교사는 배경지식으로 디즈니월드에 대해 다음과 같은 그림들도 보여주면서 어디에 있는지, 어떤 것들을 볼 수 있고 즐길 수 있는지, 등에 대해 설명을 해준다.

그리고 위에 제시된 실제 자료인 디즈니월드 입장권을 학생들에게 제시하고 그 내용에 대해 학생들에게 질문해가며 이해를 점검한다. 이와 같은 실제 자료들은 학생들에게 다소 생소하고 어려울 수도 있으나, 교사의 설명이 잘 곁들여져서 학생들이 그 내용을 이해하는 데 어려움이 없어지면 흥미로운 학습자료가 될 수 있다.

교사의 질문은 다음과 같은 것들을 포함할 수 있다.

Q: How much is the ticket?

Q: How long is the ticket valid?

Q: How many theme parks are there in Disney World?

Q: Can you name the theme parks?

Q: If you want to return to the park on the same day, what do you need to do when you leave the park? etc.

(6) 방문하고 싶은 외국 도시에 대한 정보지 작성 (숙제)

학생들은 자신이 방문하고 싶은 외국 도시를 하나 선택하고 그 도시에 대해 교사가 제공한 정보지를 숙제로 완성하여 제출한다. 이 정보지에는 학생의 이름과 자신이 속한 모둠의 이름, 방문하고 싶은 도시, 그리고 그 도시에 대한 정보(위치, 인구수, 날씨, 유명한 곳 등)를 기입하도록 되어 있으며, 그림 등을 포함하여 보다 멋지게 꾸밀 수 있다. 모둠을 위한 과제활동에서 모둠 구성원들에게 자신이 원하는 도시로 여행갈 것을 설득하여야 하므로 사진이나 그림 등을 준비하는 것이 보다 매력적인 것이 될 것이다. 이 때 준비한 그림이나 사진은 만약 그 도시가 구성원들에 의해서 최종 방문지로 선택되고 모둠의 과제 수행이 끝났을 때 전체 급우들 앞에서 모둠의 과제 수행에 대한 구두 발표를 할 때에도 사용된다.

〈완성된 정보지의 예〉

	My name: *Hong, Kil Dong* Group: *C* Name of the city I want to visit: *Sydney*	
1	Location	• *Sydney is the state capital of New South Wales and the most populous city in Australia. It is located on Australia's south-east coast of the Tasman Sea.*
2	Population	• *about 4.6 million*
3	Weather	• *Summer is warm & winter is not cold.* • *Average temperature in summer is 25 degrees.* • *The hottest month is January. The record high was 45 degrees in 1939.* • *The coldest month in winter is July, with the temperature 8 ~ 16 degrees.* • *Winter: June to August* *Spring: September to November* *Summer: December to February* *Autumn: March to May*
4	Famous place(s)	*Sydney Harbor* *Bondi Beach* *Opera House, etc.*  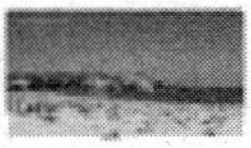
5	Reason(s) to visit	• *I wonder why Opera House is so famous.* • *I heard Sydney is a beautiful harbor city.* • *I want to swim at Bondi Beach. etc.*
6	etc.	

숙제로 완성된 정보지는 과제활동을 위해서 사용된 후 교사에게 제출하여야 하며, 교사는 이를 평가에 반영하여야 한다. 완성된 정보지의 예는 위와 같다.

2) 과제활동(Task Activity): 방문할 외국 도시 정하기(모둠활동)

학생들은 각 모둠 별로 자신들이 방문할 외국 도시를 하나 정하고 그 도시로 함께 여행을 가기 위해서 계획을 짜는 것이 과제이다. 과제 수행이 끝나고 나면 각 모둠은 자신들의 계획에 대해 다른 모둠들에게 구두로 소개한다. 이 때 각 모둠들이 포함시켜야 할 내용에 대해서 교사는 다음 질문에 대한 답을 포함하도록 미리 알린다. 질문 내용은 화면에 띄워 주거나 각 모둠에게 나누어 준다.

〈예〉

Q: Which city do you want to visit?

Q: Which airline will you use for the trip?

Q: When do you want to leave and come back?

Q: Where will you stay?

Q: What will you do during the stay?

Q: What is your flight schedule like?

Q: How much money will you need roughly? etc.

3) 과제 후 활동(Post-task Activity)

(1) 시각 변경 이해하기 (전체 활동)

교사는 학생들에게 외국 여행을 하는 중에 시각이 변경되는 경우가 있다는 것을 알려준 뒤, 시각 변경 안내문을 제시하고 질문을 통해서 학생들이 그 내용을 이해할 수 있도록 도와준다.

〈예〉

Q: What does each of the following notices inform you?

Q: When do you think you will get these notices?

TIME CHANGE! PLEASE DO NOT FORGET TO SET YOUR CLOCK **ONE HOUR BACK** BEFORE RETIRING TONIGHT!	**TIME CHANGE!** PLEASE DO NOT FORGET TO SET YOUR CLOCK **ONE HOUR AHEAD** BEFORE RETIRING TONIGHT!

(2) 전화 카드 이해하기 (전체 활동)

먼저 교사는 아래의 전화카드를 제시하고 학생들이 어느 정도 이해하는지 질문을 통해 파악한다. 만약 학생들이 이해하지 못하면 교사는 설명을 해주어야 한다. 또한 영어를 가르치기 위한 목적으로 만들어진 자료가 아니고 원어민들이 자기 나라에서 실제 사용하는 이런 실제 자료(authentic material)는 그 자체가 문화적인 내용을 포함하는 경우가 많기 때문에 교사는 이와 같은 자료를 사용할 때 문화 지도도 함께 하는 것이 바람직하다. 예를 들면 아래 전화 카드의 경우에는 국제 전화 거는 방식이 우리나라의 경우와 어떻게 다른지 등에 대해 알려줄 수 있을 것이다. 또한 캐나다, 푸에토리코, 자메이카, U.S.V.I. 등의 나라는 다른 나라에 전화 거는 것과 어떤 점에서 다른지, 왜 다른지 등에 대해 질문하고 설명해주는 것도 도움이 될 것이다.

From any touch-tone phone:

1. Dial number: 1-800-236-4035
   (Listen for instructions)
2. Enter Card Number: [727-734-4567]
3. Dial 1 + Area Code and Phone Number you wish to call
   (U.S., Canada, Puerto Rico, Jamaica, U.S.V.I.) or
   011 + Country Code + City Code + Phone Number
   (International)
4. You will be notified one minute before your time expires and your call is automatically disconnected.

To place another call, Do Not Hang Up.
Press # Key twice and wait for instructions.
For assistance, call Customer Service at: 1-800-938-4949

(3) 도시에 대한 정보 묻고 답하기 (짝활동)

학생들은 짝과 함께 교사가 제공한 학습자료를 가지고 특정 도시에 대한 정보를 묻고 답하는 활동을 한다. 이 때 한 학생은 상대방 학생이 가지고 있지 못한 정보를 가지고 있고, 상대방 학생은 그 정보를 얻어야 하므로 상호작용을 해야 하는 정보 차 활동(information gap activity)이다. 각 학생이 가진 자료는 다음과 같다.

<Student A>

You are a clerk at the tourist and Recreation Office in Rio. Student B calls you up for information about the town. Answer his/her questions with the information sheet below. (Read it through before starting.)

Population: 75,000
Climate: Mild and sunny. Low rainfall. 2,000 hours sunshine last year
Sights: Long beach (2 kilometers), pier, castle, parks & gardens, caves, river, valley, etc.
Entertainment: Two cinemas, concerts, pubs, leisure center, children's park
Sports: Golf, fishing, tennis, swimming, jogging, windsurfing, skydiving, etc.
Communications: 60 minutes from London by rail. 99 kilometers by road through some of the loveliest countryside in South-East England.
Restaurants: Italian, Chinese, Indian, Japanese, Korean, Thai.

<Student B>

You are thinking of having a holiday in Lio and call up the Tourist and recreation Department for further details about the town. Student A works at the above department.

(Before starting, work out the type of information you require and the sort of questions you are going to ask.)

Climate: e.g. What's the weather like there in July?
Population: e.g. How many people live in the city?
Accommodation: e.g. Are there any nice hotels there?
Sports facilities: e.g. Can I play golf there?

4) 숙제

(1) 교사의 웹 페이지에 올려놓은 액션시리즈(부록 D)와 호주의 날씨에 대한 지문(부록 E)을 읽고 그 다음 시간의 True-False 퀴즈에 대비하기

(2) 내가 여행 가이드라고 가정하고 외국 사람들에게 한국의 날씨에 대해 소개하는 글쓰기 (숙제로 제공한 호주에 대한 읽기 지문에서 학생들이 필요로 하는 어휘나 표현들을 참고할 수 있다.)

숙제가 학생들의 학습 과정에 도움이 되기 위해서는 숙제에 대한 점검이 필요한데, 경우에 따라서는 이를 퀴즈로 간단히 점검할 수도 있다. 액션시리즈와 읽기 지문에 대한 퀴즈의 예는 다음과 같다.

〈과제 후 활동에 대한 퀴즈의 예〉

NAME: ________	Score: ________

※ Direction: Fill in the blank with an appropriate word.

1. (   ) your seatbelt. (안전벨트를 매세요.)
2. Safe (   ) home! (댁에 안전하게 돌아가시기를!)
3. Buy a (   ) ticket to Hawaii. (하와이행 왕복표를 사세요.)
4. (   ) your destination. (목적지를 확인하세요.)
5. It goes over the (   ) limit. (무게 한도를 초과합니다.)

※ Direction: Decide whether the statement about the weather in Australia is True(T) or False(F).

6. In Australia winter starts in January. (T / F)
7. The whole weather in Australia can be divided into the dry and the wet season. (T / F)
8. A large part of the country is desert or semi arid. (T / F)
9. Snow rarely falls throughout the year in the whole Australia. (T / F)
10. Due to global warming Australia becomes the driest continent in the world. (T / F)

5) 평가

과제활동에 대한 개별 학생에 대한 평가지의 예는 아래와 같다. 평가지에 나타나 있듯이 개별 학생의 점수는 개인이 받은 점수와 모둠이 받은 점수로 구성되어 있다. 평가 방식에는 숙제, 교사의 관찰, 퀴즈 등이 있다. 물론 평가지 내용이나 각 항목 별 배점이나 기준은 교사가 얼마든지 조정할 수 있다.

〈개별 학생의 전체 과제활동에 대한 평가지의 예〉

<table>
<tr><th>활동</th><th>평가의 초점</th><th>평가 방법</th><th>평가 대상</th><th>점수</th></tr>
<tr><td rowspan="2">과제 전 활동</td><td>• 가고 싶은 도시에 대한 정보지 작성</td><td>숙제</td><td>개인</td><td>/4</td></tr>
<tr><td>• 여행에 관한 어휘/표현 지식</td><td>퀴즈</td><td>개인</td><td>/4</td></tr>
<tr><td rowspan="4">과제 활동</td><td>• 모둠활동 참여 정도</td><td>관찰</td><td>개인</td><td>/4</td></tr>
<tr><td>• 목표언어사용 노력 정도</td><td>관찰</td><td>개인</td><td>/4</td></tr>
<tr><td>• 모둠 구성원들 간의 협력 정도</td><td>관찰</td><td>모둠</td><td>/4</td></tr>
<tr><td>• 선택한 도시 여행 계획에 대한 정보지 작성 및 구두 발표</td><td>관찰</td><td>모둠</td><td>/4</td></tr>
<tr><td rowspan="2">과제 후 활동</td><td>• 액션시리즈 익히기
• 호주의 날씨에 관한 지문 읽기</td><td>퀴즈</td><td>개인</td><td>/4</td></tr>
<tr><td>• 한국의 날씨에 대해 쓰기</td><td>숙제</td><td>개인</td><td>/4</td></tr>
<tr><td colspan="2">이름 : ____________</td><td colspan="3">총점: ________ /32</td></tr>
</table>

끝맺는 말

지금까지 과제중심 영어교육을 위한 이론과 실제에 대하여 기술하였다. 주지하다시피, EFL 상황에서 과제중심 언어교육을 실현하는 것은 결코 쉬운 일이 아니다. 현재의 여건이 바뀌지 않는 한 전면적인 도입은 거의 불가능하다는 판단이다. 과제중심 영어교육의 실현은 커리큘럼 디자인에서부터 전문성이 요구되며, 또한 시간과 노력이 요구되는 일이다. 하지만 과제중심 영어교육이 가져올 수 있는 잠재적 효과를 고려해볼 때, 현재 우리가 처한 어려움과 한계만을 탓하며 아예 포기하는 것은 교육자로서 바람직하지도 않을뿐더러 또한 그래서도 안 될 일이다.

진정으로 '적절한 교수방법(appropriate methodology)'이 가능한지는 오직 역사만이 평가할 수 있으며, '적절한(appropriate)'이라는 용어는 매우 상대적이라는 주장(Holliday, 1994)이 있다. 하지만 그럼에도 불구하고 교육자로서의 우리의 책무는 우리나라와 같은 EFL 상황에서 가장 효과적인 방법으로 학생들을 가르치는 것에 대해 끊임없이 연구하고 개선을 위해 노력하는 것이라는 점은 분명한 것 같다.

어떤 교수법을 사용할 것인가는 교수 환경에 따라 달라져야 한다. 따라서 ESL 상황에서 비롯된 교수법을 맞지도 않는 EFL 상황에서 그대로 적용하려고 에너지를 낭비할 것이 아니라 좀 더 현실적인 목표를 세우는 것이 중요하다(Dubin & Olshtain, 1986). 또한 어떤 교수법이나 나름대로 교육에 기여하는 바가 있으며, 의사소통중심 교수법이 만병통치약이 아니라는 점도 기억할 필요가 있다(Prabhu, 1990). 의사소통능력을 기르는 것이 우리의 영어교육 목표가 되어야 함에는 누구도 반대하지 않을 것이다. 하지만 그 방법론에는 다양한 의견이 있는 것 같다. 의견을 조율하는 노력이 필요하다.

지금 우리에게 필요한 것은 어느 특정한 교수법만 고집할 것이 아니라, 그 동안 소개되어 온 여러 가지 교수법들 중에서 우리 실정에 맞는 부분들을 선택하여 가장 효과적인 통합적 교수법(integrative approach)을 찾는 일이라고 생각된다. 결국 교사들이 기억해야 할 것은 어떤 상황에서나 다 통할 수 있는 최상의 교수법이란 없다는 사실이다. 그리고 일단 교실에서 가르쳐 보면 어떤 특정한 교수법만을 고집할 수 없다는 것도 알게 될 것이다. 의사소통능력을 기르는 것이 목적인 교실에서조차도 의사소통이 원활히 되게 하기위해서 때로는 문법 설명도 필요하며 반복이나 암기 같은 기계적인 연습도 필요하다. 어떤 종류의 연습을 얼마만큼 시켜야 하는지에 대한 판단은 물론 학습 스타일이나 나이, 언어능력과 같은 학습자 요인과 교육 목표, 교사의 능력, 학습 환경 등을 감안하여 결정되어야 할 것이다.

다시 말해서 ESL상황에는 존재하지 않는 다양한 한계들을 감안하여 그 부정적인 영향을 최소한으로 줄이고자 하는 노력과 교수전략이 병행되지 않는 한, ESL 상황에서 비롯된 그 어떤 효과적인 교수법도 EFL 상황에서는 제대로 뿌리내리기 어렵다. 따라서 EFL 교사들은 ESL상황에서 실시되는 과제중심 언어교육을 아무런 여과 없이 무턱대고 그대로 받아들이려고 할 것이 아니라, 상황에 맞는(context-sensitive) 유연한 방법의 과제중심 언어교육을 시도하는 것이 필요하다 (Ellis, 2003; Skehan, 2003). 다시 말하자면, 과제중심 언어교육으로 전통적인 교수법을 완전히 대체하려는 헛된 노력을 할 것이 아니라, 부분적으로 과제중심 언어교육을 도입함으로써 우리 영어교육의 효과를 보다 향상시키고자 하는 노력이 필요하다.

참고문헌

Anderson, N. J., Bachman, L., Perkins, K., & Cohen, A. (1991). An exploratory study into the construct validity of a reading comprehension test: Triangulation of data scores. *Language Testing, 8,* 41-66.

Auerbach, E. R. (1993). Reexamining English only in the ESL classroom. *TESOL Quarterly, 27*(1), 9-32.

Bachman, L. (1990). *Fundamental considerations in language testing.* Oxford: Oxford University Press.

Bax, S. (2004). The end of CLT: A context approach to language learning. *ELT Journal, 57*, 278-287.

Bernhardt, E. B. (1991). *Reading development in a second language: Theoretical, empirical, and classroom perspectives*. Norwood, NJ: Ablex.

Bragger, J. D. (1985). The development of oral proficiency. In A. C. Omaggio (Ed.), *Proficiency, curriculum, articulation: The ties that bind* (pp. 41-75). Middlebury, VT: The Northeast Conference on the Teaching of Foreign Languages, Inc.

Breen, M. P. (1984). Processes in syllabus design. In C. Brumfit (Ed.), *General English syllabus design* (pp. 47-60). Oxford: Pergamon Press.

Breen, M. P. (1987). Learner contributions to task design. In Candlin, C. N., & Murphy, D. (Eds.). (1987). *Language learning tasks* (pp. 23-46). Englewood Cliffs, NJ: Prentice Hall.

Breen, M. P., & Candlin, C. N. (1980). The essentials of communicative curriculum in language teaching. *Applied Linguistics*, 1(2), 89-112.

Brown, H. D. (2004). *Language assessment: Principles and classroom practices*. White Plains, NY: Pearson Education.

Butler, Y. (2005). Comparative perspectives towards communicative activities among elementary school teachers in South Korea, Japan and Taiwan. *Language Teaching Research, 9*, 423-446.

Bygate, M., Skehan, P., & Swain, M. (Eds.) (2001). *Research in pedagogic tasks: Second language learning teaching and testing.* Harlow:

Longman.

Candlin, C. N. (1987). Towards task-based language learning. In C. N. Candlin & D. Murphy (Eds.), *Language learning tasks* (pp. 5-22). Englewood Cliffs, NJ: Prentice Hall.

Candlin, C. N., & Murphy, D. (Eds.). (1987). *Language learning tasks*. Englewood Cliffs, NJ: Prentice Hall.

Carless, D. R. (2003). Factors in the implementation of task-based teaching in primary schools. *System, 31*, 485-500.

Carless, D. R. (2007). The suitability of task-based approaches for secondary schools: Perspectives from Hong Kong. *System, 35*, 595-608.

Carless, D. R. (2008). Student use of the mother tongue in the task-based classroom. *ELT Journal, 62*(4), 331-338.

Carroll, S., & Swain, M. (1993). Explicit and implicit negative feedback: An empirical study of the learning of linguistic generalization. *Studies in Second Language Acquisition, 15*, 357-386.

Celce-Murcia, M., Dörnyei, Z., & Thurrell, S. (1997). Direct approaches in L2 instruction: A turing point in communicative language teaching? *TESOL Quarterly, 31*(1), 141-152.

Chun, E.-S. (2004). Effects of text types and tasks on Korean college students' reading comprehension. *English Teaching, 59*(2), 75-100.

Clark, J. (1987). *Curriculum renewal in school foreign language learning*. Oxford: Oxford University Press.

Cook, V. (2001). Using the first language in the classroom. *The Canadian Modern Review, 57*(3), 402-423.

Day, R. R. (2004). A critical look at authentic materials. *The Journal of Asia TEFL, 1*(1), 101-114.

de la Campa, J. C., & Nassaji, H. (2009). The amount, purpose, and reasons for using L1 in L2 classrooms. *Foreign Language Annals, 42*(4), 742-759.

DeKeyser, R. (1995). Learning second language grammar rules: An experiment with a miniature linguistic system. *Studies in Second Language Acquisition, 17*, 379-410.

Dubin, F., & Olshtain, E. (1986). *Course design*. Cambridge: Cambridge University Press.

Ellis, G. (1996). How culturally appropriate is the communicative approach? *ELT Journal, 50*(3), 213-218.

Ellis, R. (2003a). *Task-based language learning and teaching*. Oxford: Oxford

University Press.

Ellis, R. (2003b). Designing a task-based syllabus. *RELC, 34*(1), 64-81.

Ellis, R. (2005). Instructed language learning and task-based teaching. In E. Hinkel (Ed.), *Handbook of research in second language teaching and learning* (pp. 713-728). Mahwah, NJ: Lawrence Erlbaum.

Ellis, R. (2008). *Task-based language teaching and learning*. Oxford: Oxford University Press.

Foster, P. (2009). Task-based language learning research: Expecting too much or too little? *International Journal of Applied Linguistics, 19*, 247-263.

Gass, S., Mackey, A., & Ross-Feldman, L. (2005). Task-based interactions in classroom and laboratory settings. *Language Learning, 55*(4), 575-611.

Gass, S. M., & Varonis, E. M. (1994). Input, interaction, and second language production. *SSLA, 16*, 283-392.

Gordon, C. M., & Hanauer, D. (1995). The interaction between task and meaning construction in EFL reading comprehension tests. *TESOL Quarterly, 29*(2), 299-324.

Hadley, A. O. (1993). Proficiency-oriented language learning: Origins, perspectives, and prospects. In June K. Phillips, *Reflecting on proficiency from a classroom perspective* (pp. 1-30). Lincolnwood, ILL: National Textbook Company.

Han, J. (2011). The effects of listening task types on Korean college students' comprehension and production of an academic listening text. *Foreign Languages Education, 18*(3), 105-131.

Heyes, D. (2009). Non-native English-speaking teachers, context and English language teaching. *System, 37*(1), 1-11.

Holliday, A. (1994). *Appropriate methodology and social context.* Cambridge: Cambridge University Press.

Hover, D. (1986a). *Think twice: Teacher's book.* Cambridge University Press.

Hover, D. (1986b). *Think twice: Students' book.* Cambridge University Press.

Hu, G. (2005). Contextual influences on instructional practices: A Chinese case for an ecological approach to ELT. *TESOL Quarterly, 39*(4), 635-660.

Jensen, E. D., & Vinther, T. (1983). The authentic versus easy conflict in foreign language material - a report on experiences with production and exploitation of video. *System, 11*(2), 129-141.

Jeon, I.-J. (2005). An analysis of task-based materials and performance: Focused on Korean high school English textbooks. *English Teaching,*

60(2), 87-109.

Joh, J. (2012). L2 learning strategies reconsidered: variation in strategy use as a function of task type and elicitation device. *English Teaching, 67*(1), 3-28.

Johnson, K. (2004). From communicative activity to task: A short but significant journey. *The Journal of Asia TEFL, 1*(1), 185-195.

Kharma, N. N., & Hajjaj, A. H. (1989). Use of the mother tongue in the ESL classroom. *IRAL, 27*(3), 223-235.

Kim, S.-A. (2002). A critical reflection on the 'teaching English through English (TETE)' classes in the Korean context. *English Teaching, 57*(4), 315-346.

Kim, S.-A. (2003). Problems and needs in the secondary school "communicative" English classes. *Korean Journal of Applied Linguistics, 19*(1), 59-92.

Kim, S.-A. (2005). Enhancing class effectiveness through appropriate teacher techniques. *English Language Teaching, 17*(4), 83-114.

Ko, M.-S. (2006). Effects of learning conditions and task types on EFL learning of grammatical rules. *Foreign Language Education, 13*(3), 51-77.

Kumaravadivelu, B. (2006). TESOL methods: Changing tracks, challenging trends. *TESOL Quarterly, 40*(1), 59-81.

Lee, M. J. (2006). The effect of L1 on task-based foreign language learning of Korean learners. *Foreign Languages Education, 13*(2), 257-282.

Lee, S.-M. (2005). The pros and cons of task-based instruction in elementary English classes. *English Teaching, 60*(2), 185-205.

Lee, W. Y. (1995). Authenticity revisited: Text authenticity and learner authenticity. *ELT Journal, 49*(4), 323-328.

Li, D. (1998). It's always more difficult than you planned: Teachers' perceived difficulties in introducing the communicative approach in South Korea. *TESOL Quarterly, 32*(4), 677-703.

Long, M. H. (1985). A role of instruction in second language acquisition. In K. Hyltenstam & M. Pienemann (Eds.), *Modelling and assessing second language acquisition*. Clevedon Avon: Multilingual Matters.

Long, M. H. (1990). The least a second language acquisition theory needs to explain. *TESOL Quarterly, 24*(4), 649-666.

Long, M. H., & Crookes, G. (1992). Three approaches to task-based syllabus design. *TESOL Quarterly, 26*(1), 27-56.

Loschky, L. (1994). Comprehensible input and second language acquisition. *SSLA, 16*, 303-323.

McMillan, J. H. (2002). Fundamental assessment principles for teachers and school administrators. In L. M. Rudner & W. D. Schafer (Eds.), *What teachers need to know about assessment* (pp. 6-12). National Education Association of the United States.

North, S., & Pillay, H. (2002). Homework: Re-examining the routine. *ELT Journal, 56*(2), 137-145.

Nunan, D. (1988). *The learner-centered curriculum*. Cambridge: Cambridge University Press.

Nunan, D. (1989). *Designing tasks for the communicative classroom*. Cambridge: Cambridge University Press.

Nunan, D. (1991). Communicative tasks and the language curriculum. *TESOL Quarterly, 25*(2), 279-295.

Painter, L. (2003). *Homework*. Oxford University Press.

Panani, A. (2012). Binding task-based language teaching and task-based language testing: A survey into EFL teachers and learners' views of task-based approach. *English Language Teaching, 5*(2), 148-159.

Polio, C. G., & Duff, P. A. (1994). Teachers' language use in university foreign language classrooms: A qualitative analysis of English and target language alternation. *The Modern Language Journal, 78*(3), 313-326.

Prabhu, N. S. (1980). *Reactions and predictions (Special issue). Bulletin 4*(1). Bangalore: Regional Institute of English, South India.

Prabhu, N. S. (1987). *Second language pedagogy: A perspective*. Oxford: Oxford University Press.

Prabhu, N. S. (1990). There is no best method - Why? *TESOL Quarterly, 24*(2), 161-176.

Prodromou, L. (1995). The backwash effect: from testing to teaching. *ELT Journal, 49*(1), 13-25.

Radwan, A. A. (2005). The effectiveness of explicit attention to form in language learning. *System, 33*, 69-87.

Richards, J. C. (2001). *Curriculum development in language teaching*. Cambridge: Cambridge University Press.

Richards, J. C., Platt, J., & Weber, H. (1986). *Longman dictionary of applied linguistics*. London: Longman.

Richards, J. C., & Renandya, W. A. (Eds.) (2002). *Methodology in language teaching*. Cambridge: Cambridge University Press.

Richards, J. C., & Rodgers, T. S. (1986). *Approaches and methods in language teaching*. Cambridge: Cambridge University Press.

Rudner, L. M., & Schafer, W. D. (2002). Testing and teaching. In L. M. Rudner & W. D. Schafer (Eds.), *What teachers need to know about assessment* (pp. 3-5). National Education Association of the United States.

Savignon, S. (1991). Communicative language teaching: State of the art. *TESOL Quarterly, 25*(2), 261-277.

Savignon, S. (2005). Communicative language teaching: Strategies and goals. In E. Hinkel (Ed.), *Handbook of research in second language teaching and learning* (pp. 635-651). Mahwah, NJ: Lawrence Erlbaum.

Schinke-Llano, L., & Vicars, R. (1993). The affective filter and negotiated interaction: Do our language activities provide for both? *The Modern Language Journal, 77*(3), 325-329.

Seedhouse, P. (2005). 'Task' as research construct. *Language Learning, 55*(3), 533-570.

Serrano, R., Llanes, À., & Tragant, E. (2011). Analyzing the effect of context of second language learning: Domestic intensive and semi-intensive courses vs. study abroad in Europe. *System, 39*, 133-143.

Sheen, R. (1994). A critical Analysis of the advocacy of the task-based syllabus. *TESOL Quarterly, 28*(1), 127-151.

Shin, M.-K. (2011). Effects of output tasks on Korean EFL learners' noticing and learning of English grammar. *Foreign Languages Education, 18*(2), 127-163.

Skehan, P. (1996). A framework for the implementation of task-based instruction. *Applied Language Learning, 5,* 38-62.

Skehan, P. (2003). Task-based instruction. *Language Teaching, 36*, 1-14.

Song, J.-W. (2005). Task-processing conditions as influences on spoken language performance. *English Teaching, 60*(3), 117-137.

Swain, M., & Lapkin, S. (2000). Task-based second language learning: the uses of the first language. *Language Teaching Research, 4*(3), 251-274.

Swan, M. (1985). A critical look at the communicative approach. *ELT Journal, 39*(1), 2-12.

Thomson, C. K. (1992). Learner-centered tasks in the foreign language classroom. *Foreign Language Annals, 25*(6), 523-531.

Tsui, B. M. A. (1987). An analysis of different types of interaction in ESL classroom discourse. *IRAL, 25*(4), 336-353.

Turnbull, M. (2001). There is a role for the L1 in second and foreign language teaching, but . . . *The Canadian Modern Language Review, 57*(4), 531-540.

Van Patten, B., & Cadierno, T. (1993). Input processing and second language acquisition: A role for instruction. *The Modern Language Journal, 88*(1), 45-57.

Walker, E. (2000). An analysis of changes in the aims and objectives of the secondary English syllabi (1975-1999). In Y. C. Cheng, K. W. Chow, & K. T. Tsui (Eds.), *School curriculum change and development in Hong Kong*. Hong Kong Institute of Education, Hong Kong.

Wallinger, L. M. (2000). The role of homework in foreign language learning. *Foreign Language Annals, 33*(5), 484-497.

Widdowson, H. (2003). *Defining issues in English language teaching*. Oxford: Oxford University Press.

Wilkins, D. A. (1981). Notional syllabuses revisited. *Applied Linguistics, 11*, 83-89.

Willis, J. (1996). *A framework for task-based learning*. London: Longman.

Wright, T. (1987). Instructional task and discourse outcome in the L2 classroom. In C. N. Candlin & D. Murphy (Eds.), *Language learning tasks* (pp. 47-68). Englewood Cliffs, NJ: Prentice Hall.

Yalden, J. (1987). *Principles of course design for language teaching*. Cambridge: Cambridge University Press.

Yang, M. (2008). The effects of task difficulty on learners' attention to meaning and form during focus-on-form instruction. *Foreign Languages Education, 15*(3), 27-53.

[부록]

A. Action Series (for Food)

B. Reading Material (for Food)

C. Vocabulary/Expressions (for Travel)

D. Action Series (for Travel)

E. Reading Material (for Travel)

F. Vocabulary Expansion

[부록 A]

Action Series (for Food)

(출처: 김성애. (2011). *액션시리즈로 배우는 생활 영어*. 서울: 경문사.)

At a Fast Food Restaurant

1. You want to eat some fast food.
2. Go into a fast food restaurant.
3. Stand in the line and wait.
4. While waiting, read the menu and choose what you want.
5. Now, it's your turn. Whew... it was a long wait.
6. Order your food and drink, and pay the clerk.
7. Your food is ready.
8. The clerk puts the food and drink on your tray.
9. Take some paper napkins and a straw from the dispensers.
10. Find an empty table and enjoy your food.
11. When you're finished, throw the waste in the trash.

At a Restaurant

1. You're going out for dinner.
2. Walk into a restaurant.
   Wow! It's crowded.
3. Find a table that's not occupied.
4. Sit down.
5. Pick up the menu and look for something good.
6. The waitress/waiter comes.
7. Order what you want.
8. Unfold the napkin, put it on your lap, and wait.
9. Wow! It's a long wait. You're starving!
10. Finally, the food comes.
11. Take a sip of water.
12. Enjoy the meal.

Using the Microwave Oven

1. You brought your lunch today.
2. You need to warm it up.
3. Go to the kitchen.
4. Unwrap your lunch and put the food in a container.
5. The container must be for the microwave oven.
6. Now, open the microwave oven.
7. Set the timer for two minutes.
8. Press the start button and wait.
9. The bell rings. It's done.
10. Open the door and take out the food.
11. What a good smell!
12. Take a sip of water and enjoy the food.

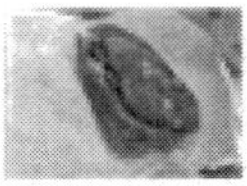

Fixing Dinner

1. You are going to fix dinner for your family.
2. Measure the rice, wash it and cook it.
3. Take out a frozen fish from the freezer.
4. Put the fish in the microwave oven.
5. Set the timer and have it melt.
6. Take it out.
7. Run some water over it and rinse it.
8. Dry it with the kitchen tower.
9. Fry it in the frying fan.
10. It's done. Spread some salt over it.
11. The soup has boiled in the mean time.
12. Take out other side dishes from the refrigerator.
13. Set the table and enjoy your dinner.

[부록 B]
Reading Materials (for Food)

<Reading Material-1>

The Origin of Hamburger

(Source: Broukal, M. (1997). *A First Look a the USA*. NewYork: Longman.)

The hamburger has no connection to ham. It got its name from the German town of Hamburger, which was famous for its ground steak. German immigrants to the United States introduced the "hamburger steak."

At the St. Louis World's Fair in 1904, hamburger steak were served on buns for the first time. Hamburgers on buns were convenient and tasted good. This became the usual way of eating hamburgers.

How did the hamburger become the most popular, most typical American food? The introduction of the bun is an important part of the answer. Another important part is McDonald's, the fast-food restaurant.

The first McDonald's was opened in San Bernadino, California in 1949. Hamburgers were the main item on its menu. People liked the restaurant's fast service. By the 1960s there were many McDonald's restaurants. McDonald's was a part of nearly every community in the United States. There were also other fast-food restaurants that sold hamburgers. McDonald's alone sold millions of hamburgers a year.

Today, of course, there are McDonald's restaurants around the world. The food they serve is considered typically American. And, although McDonald's has expanded its menu, the main item on that menu is - as always - the hamburger.

<Reading Material-2>

Kimchi, the Healthy Korean Food

(Retrieved Oct. 10, 2012 from World Wide Web: http://www.trifood.com/kimchi.asp)

Kimchi is a national Korean dish consisting of fermented chili peppers and vegetables, usually based on cabbage. Common ingredients include Chinese cabbage, radish, garlic, red pepper, spring onion, ginger, salt, and sugar. While Kimchi is generally identified internationally as Chinese cabbage fermented with a mixture of red pepper, garlic, ginger, and salted fish sauce, several types of Kimchi exists, including regional and seasonal variations.

Kimchi has been cited by Health Magazine as one of the world's five "healthiest foods", with the claim that it is rich in vitamins, aids digestion, and may even prevent cancer. The health properties of kimchi are due to a variety of factors. It is usually made with cabbage, onions, and garlic, all of which have well-known health benefits. It also has active and beneficial bacterial cultures, like yogurt. Lastly, kimchi contains liberal quantities of 고추가루(red chili peppers) which has been suggested to have health benefits as well.

The best tasting Kimchi is stored in room temperature for an average of six months to reach its full flavor. It is a popular side dish but is also often used as an in ingredient in cooking other popular dish, including 김치찌개(Kimchi soup) and 김치볶음밥(Kimchi fried rice).

[부록 C]
Vocabulary/Expressions (for Travel)

Train/Bus/Taxi

double yellow lane: (이중 황색) 중앙선
curve sign: 커브 사인
intersection: 교차로
crosswalk: 횡단보도
corner: 모퉁이
railroad crossing: 철도 횡단로
traffic light: 신호등
railroad track: 철로
train station: 기차역
information booth: 안내소
ticket counter: 매표소
arrival/departure board: 도착/출발 전광판
track: 철도
platform: 플랫폼
suitcase: 여행용 가방
passenger car: (기차의) 승객 칸
dining car: (기차의) 식당 칸
bus station: 버스정류장
bus stop: 버스정류소
bus driver: 버스운전사
passenger: 승객
taxi stand: 택시 타는 곳
luggage compartment: 트렁크, 짐 싣는 곳
off-duty sign: 휴업 (운행 안한다는) 사인
porter: 짐꾼

Routes & Road Signs

highway: 고속도로
overpass: 고가도로
underpass: 지하도로
broken line: 점선
shoulder: 노견
divider: 분리대
left lane: 좌측 차선
middle lane: 중간 차선
right lane: 우측 차선
tollgate: 톨게이트
tollbooth: 통행료 징수소
change lane: (잔돈 바꿀) 차선
exact change lane: (정확한 요금 지불) 차선

tunnel: 터널
street light: 가로
bridge: 교량
rode/street: 도로
dirt road: 비포장 도로
route: 노선
stop: 정지
yield: 양보
do not enter: 진입 금지
school crossing: 학교 건널목
speed limit: 속도 제한
no U-turn: 유턴 금지
no left turn: 좌회전 금지
no right turn: 우회전 금지
no trucks: 트럭 진입 금지
telephone: 공중전화
bike route: 자전거 전용 도로
hill: 경사진 길
slippery when wet: (우천시) 미끄럼 주의

Airport

terminal: 터미널
ticket agent: 매표원
ticket counter: 계산대
suitcase: 여행용 가방
arrival/departure board: 도착/출발 전광판
security check: 보안 검색
security guard: 보안 검색원
gate: (출발/도착을 위한) 문
check-in-counter: 체크인 카운터
waiting room: 대기실
boarding pass: 탑승권
baggage claim area: 수하물 찾는 곳
porter: 짐꾼
luggage carrier: 수하물 손수레
luggage/baggage: 수하물
luggage carousel: (수하물) 컨베이어
(baggage) claim check: (수하물) 번호표
customs: 세관
customs officer: 세관원
documents: 서류
passport: 여권
boarding time: 탑승 시각
pilot/captain: 조종사
co-pilot: 부조종사
cabin: 객실
overhead compartment: 선반
carry-on luggage/carry-on bag: 휴대용 가방
passenger: 승객
window seat: 창측 좌석
middle seat: 중간 좌석
aisle seat: 복도측 좌석
flight attendant: 승무원
tray table: 트레이를 놓는 테이블
tray: (식사를 담은) 트레이
cup holder: 컵 꽂는 곳

armrest: 팔걸이
runway: 활주로
taxi: (활주로에서) 비행기가 움직이는 것
delay: 순연, 지체
lavatory: 화장실
traffic congestion: 교통 혼잡
conveyer belt: 자동으로 운반하는 장치
take-off: 이륙
landing: 착륙
life vest: 구명조끼
emergency door: 비상구

On the Bus

"Back door, please!" : 뒷문 좀 열어주세요!

"Now we are approaching Convention Rd."
("다음 정유소는 컨벤션 거리입니다.")

"Please move forward to the rear of the vehicle for additional passengers."
("승객들이 더 탈 수 있도록 버스 뒤쪽으로 더 들어가 주세요.")

"Stop requested" ("하차 요청")

"Please stand clear when the door is opening or closing."
("버스 문이 열리고 닫힐 때 비켜서 주세요.")

"Please use rear stairway to return to the lower deck."
("아래층으로 내려올 때에는 뒤쪽 계단을 이용해 주세요.")

"Please offer your seat to an elderly or disabled person."
("노약자에게 자리를 양보해 주십시오.")

"It is a misdemeanor crime to possess a graffiti implement on this vehicle."
("버스 안에서 낙서 용품을 갖고 있으면 불법입니다.")

"Federal law prohibits standing in the stairwell."
("연방 법은 계단에 서 있는 것을 금지하고 있습니다.")

"Do not push or lean on doors."
("버스 문을 밀거나 문에 기대지 마시오.")

"one way: $3.00" ("1회 탑승권 3달러")

"one day pass: $7.00" ("종일 탑승권 7달러")

"Eastbound" (동쪽 행)

"Westbound"(서쪽 행)

"Southbound"(남쪽 행)

"Northbound" (북쪽 행)

All bus routes and schedules are current as of June 1, 2012.

(모든 버스 노선과 스케쥴은 2012년 6월 1일 현재의 것입니다.)

You must feel jet-lagged. (시차를 느끼시겠군요.)

I backpack traveled around Europe.

(배낭여행으로 유럽을 둘러보았다.)

Do not push or lean on doors.

(문을 밀거나 문에 기대지 마시오.)

Transfer to 201. (201번 버스로 갈아타세요.)

Riding without a transit pass may result in a fine.

(버스통행권 없이 타면 벌금을 뭅니다.)

[부록 D]

Action Series (for Travel)

(출처: 김성애. (2011). *액션시리즈로 배우는 생활 영어*. 서울: 경문사.)

Taking a Plane

1. You're going to New York.
2. Get on the plane and look for your seat number.
3. There it is! Sit down and fasten your seatbelt.
4. It's too tight. Loosen it.
5. Oh, this time it's too loose. Tighten it.
6. O.K. Here we go!

7. We're taking off.
8. Now we are flying through the air.
9. Enjoy your flight.
10. Have a good time in New York and safe return home!

Buying a Plane Ticket

1. You plan to go to Hawaii this winter.
2. Go to a travel agency nearby.
3. Tell the clerk that you want a round-trip ticket to Hawaii.
4. The clerk asks you when you want to leave and come back.
5. Tell him/her that the departure date is December 10 and arrival date s February 20.
6. He/she says "What a long stay! Let me check the seats for you."

7. After a while, he/she tells you the available seats.
8. Choose the seats by the window.
9. He/She asks you for a credit card for booking.
10. Give him/her your credit card.
11. O.K. You're all set. Take your credit card back and return home.

At the Airport

1. Go to the airline check-in counter.
2. Present the attendant your passport and the e-ticket.
3. The attendant checks your passport and the e-ticket.
4. The attendant confirms your destination, connecting flight, and the seats.

5. The attendant then puts your luggage on the scale.
6. O.K. Good! It doesn't go over the weight limit.
7. The attendant puts it on the conveyer belt.
8. The attendant asks you to stay around for a while until the inspection is over.

9. O.K. Everything's fine.
10. Now you can go to the gate for departure.

Picking Up a Friend

1. You're going to pick up your friend at the airport.

2. Drive your car to the airport.
3. Leave your car at the parking lot.
4. Go to the arrival area and check the monitor.

5. It says the flight has already arrived.
6. Wait for your friend to show up at the gate.
7. There he/she comes!
8. He/She carries two big bags.
9. Have him/her wait in front of the terminal and go get your car.
10. Stop your car in front of your friend.

11. Help him/her put the luggage in the trunk.
12. Get in the car and drive away.

[부록 E]
Reading Material (for Travel)

Weather in Australia

By Arshi

Australia has a very pleasant and lovely climate among other countries of the world. There is not hot or not so cold in Australia. The climate of Australia varies widely. A large part of the country is desert or semi arid. A survey tells that approximately 40% of the land is covered by sand dunes.

Since the 20th century weather changes occur slow and steady in Australia. As a result of this the average temperature in Australia is increased by 1 degree Celsius. As the temperature increases the heat waves frequency also increases, resulting in the decrease in winter season.

This change in weather happens in any country with slowly and also effects on whole of the climate and many other things. So change in weather in Australia also effects on the rainfall in the country. Rain fall increased in North West part of the country is increased with these changes in weather but on the other hand rain fall in the eastern and south west part is decreased.

Snow fall also occurs in different parts of country like Victoria, New South Wales, Australian Capital Territory and Tasmania. There is a regular snow falls in these parts of country but it rarely happens in Queensland, southwestern Australia.

In Australia you found each and every type of season from snowfall to a hot summer when you want to go to on beaches and also from getting wet in the rain to a painful humidity during the wet season.

The temperature in Australia varies between the sub zero and approximately up to 50 degree Celsius. The whole weather in the country in converted into two major seasons. Two seasons separated as the dry and the wet. The dry season in Australia for about six months. The months in this season are from May up to

October. The temperature during these days remains approximately 20 degree Celsius also there is no clouds on the sky and sky is clearer in these days.

Wet weather lasts for six months. The wet weather is in spring and summer and this season is from December to March. The temperature during these days ranges 30 to 50 degree Celsius.
The weather in Australia throughout whole year follows the sequence.

Winter	June to August
Spring	September to November
Summer	December to February
Autumn	March to May

Australia is also undergone a horrible drought during last century and after that the climate is varying a lot. The climate is very much hotter since then. Global warming affects the Australian climate and lives of their people also. The 2005 is the hottest year ever in Australia. Due to all of these effects Australia becomes the driest continent in world. Australian Government is taking serious actions regarding this issue.

[부록 F]
Vocabulary Expansion

<어휘 목차>

분야별 영어 어휘

1. Family & Home (가족 & 가정)

Family (가족) / Relatives (친척)

grandparents: 조부모
grandfather: 조부, 할아버지 (= grandpa)
grandmother: 조모, 할머니 (= grandma)
great-grandfather: 증조부, 증조할아버지
great-grandmother: 증조모, 증조할머니
great-great-grandfather: 고조부, 고조할아버지
great-great-grandmother: 고조모, 고조할머니
parents: 부모
father: 아버지(dad)
mother: 어머니(mom)
single parent: 편부, 편모
stepfather: 의부, 의붓아버지, 양아버지
step mother: 계모, 의붓어머니, 양어머니
father-in-law: 시아버지, 장인
mother-in-law: 시어머니, 장모
child(ren): 자식(들) (=kids)
son: 아들
daughter: 딸
stepchild: 의붓자식
stepson: 의붓아들, 양아들
stepdaughter 의붓딸, 양딸
grandson: 손자
granddaughter: 손녀
grandchild(ren): 손자/녀(들)
great-grandchild(ren): 증손자/녀(들)
great-grandson: 증손자
great-granddaughter: 증손녀
husband and wife: 부부, 부부지간
brothers: 형제, 형제지간
sisters: 자매, 자매지간
brother and sister: 남매, 남매지간
father and son: 부자, 부자지간
father and daughter: 부녀, 부녀지간
mother and son: 모자, 모자지간
mother and daughter: 모녀, 모녀지간
uncle: 백부, 삼촌, 고모부, 이모부 등 친척 아저씨
aunt: 백모, 숙모, 그 외 친척 아주머니
cousin: 사촌
nephew: 남자조카
niece: 여자조카
relatives: 친척들
in-laws: 인척들(처가 식구들, 시댁식구들)
brother-in-law: 형부, 제부,
sister-in-law: 올케, 시누이, 처형
family member 가족 구성원

House (집)

〈The Living Room〉 (거실)

coffee table: 커피 테이블
rug: 양탄자, 깔개
floor: 바닥
armchair: 안락의자
end table: (소파, 의자 곁에 놓는) 작은 테이블
lamp: 램프, 전기스탠드
lampshade: 전기스탠드 갓
window: 창문
drapes/curtains: 커튼
sofa/couch: 소파, (등받이와 팔걸이가 있는) 긴 의자
cushion: 쿠션
ceiling: 천정
wall: 벽
stereo system: 스테레오, 전축
wall unit: (TV, 장식품 등을 놓는) 벽 가구
video cassette recorder(VCR): 비디오
plant: 화초
painting: 그림
frame: 액자
fireplace: 벽난로
picture/photograph: 사진
bookcase: 책꽂이
air purifier: 공기청정기
mantel: 벽난로의 앞면과 측면 장식
fireplace screen: 벽난로 스크린, 가리개

〈The Dining Room〉 (식당)

(dining room) table: 식탁
(dining room) chair: 의자
tablecloth: 식탁보
china cabinet: 그릇 찬장
china: 도자기, 사기그릇
chandelier: 샹들리에
salad bowl: 샐러드용 그릇
pitcher: 주전자
candlestick: 촛대
candle: 초
pepper shaker: 후추 셰이커
sugar bowl: 설탕 그릇
glass: 유리잔
cup: 컵
napkin: 냅킨, 작은 수건
knife: 주머니 칼, 식칼
spoon: (디저트용, 수프용, 식탁용) 숟가락, 스푼
salt shaker: 소금 셰이커 (흔들어 뿌리는 병)
mug: (손잡이가 있는 도기나 금속제) 컵
saucer: (커피, 찻잔 등의) 받침 접시

〈The Bedroom〉 (침실)

bed: 침대
twin bed: 쌍둥이 침대
king-size bed: 킹사이즈 침대
bunk bed: (배, 병영 등의) 침대
cot: 간이 침대
water bed, 물침대
pillow: 베개
pillowcase: 베갯잇
sheet: 침대시트
blanket: 담요, 이불
electric blanket: 전기 요
bedspread: (장식용) 침대보
alarm clock: 자명종 시계
clock radio: 시계 라디오
chest (of drawers): 서랍장
mirror: 거울
jewelry box: 보석함
dresser: 화장대, 경대
sofa bed/convertible sofa: 소파 겸 침대/전환 가능한 침대
double bed: 더블 베드 (2인용 침대)
queen-size bed: 퀸사이즈 침대
bureau: (뒤에 거울이 달린)침실용 옷장
mattress: (침대의) 매트리스, 침상기초
headboard: (침대 머리 부분의) 머리판
footboard: (침대 발치의) 발막음판
comforter/quilt: 두꺼운 새털 이불/누비이불
blinds: 블라인드, (창문의) 해가리개 (=window shade)
night table/nightstand: 침대 옆의 탁자

〈The Kitchen〉 (부엌)

dishwasher: 접시 씻는 자동 기계
dishwashing liquid: 설거지용 세제
(garbage) disposal: (쓰레기) 처리기 faucet: 수도꼭지
(kitchen) sink: (부엌의) 씽크대
sponge: 스펀지
scouring pad: 수세미
dish towel: 행주
dish drainer: 접시 건조기
cabinet: 찬장
cutting board: 도마
toaster: 토스트기
spice rack: 양념통 꽂이
cookbook: 요리책
refrigerator: 냉장고
freezer: 냉동기
ice maker: 얼음 제조기
ice tray: 얼음 담는 통
garbage pail: 쓰레기통
pot scrubber: (냄비 씻는) 수세미솔
dish rack: 접시 시렁, 걸대, 건조대
paper towel holder: 종이 수건걸대

trash compactor: 부엌 쓰레기 압축기
microwave (oven): 전자레인지 (오븐)
(kitchen) counter: (부엌) 조리대
canister: (습기 방지를 위해 차, 커피, 등을 넣는) 작은 깡통(상자)
burner: 버너, (석유등, 가스등 등의) 화구
stove/range: 스토브/조리용 레인지
potholder: 냄비 받침, 뜨거운 냄비를 들 때 쓰는 헝겊, 장갑
refrigerator magnet: 냉장고에 붙이는 자석
placemat: (각자의 식기 밑에 까는) 천 또는 종이, 플레이스 매트
etc.

〈Kitchenware〉 (부엌용품)

wok: 중국 냄비
pot: 냄비, 솥
saucepan: 스튜냄비
lid/cover/top: 뚜껑
frying pan: 후라이팬
electric frying pan: 전기 후라이팬
roaster: 로스터, 굽는 기구
pressure cooker: 압력 밥솥
bowl: 사발
measuring cup: 계량 컵
measuring spoon: 계량 스푼
ladle: 국자, 주걱
rolling pin: (반죽을 미는) 밀방망이
fee maker: 커피메이커
coffee grinder: 커피 가는 기계
tea kettle: 차 끓이는 주전자
toaster oven: 토스트 굽는 오븐
(electric) mixer: (전기) 믹서기
food processor: 만능 조리 용구 (자르기, 썰기, 갈기 등이 가능함)
waffle iron: 와플 굽는 기계
blender: 혼합기, 믹서
popcorn maker: 팝콘 만드는 기계
(egg) beater: 달걀을 풀어 거품이 일게 하는 기구
whisk: (달걀 등) 거품 내는 기구
ice cream scoop: 아이스크림 (퍼는 큰) 숟가락
colander: (요리용) 여과기
strainer: 여과기, 가는 체
can opener: 통조림 따개
bottle opener: 병 따개
garlic press: 마늘 짜는 기계
knife: 칼 (vegetable) peeler: 야채 껍질 벗기는 기구
spatula: (프라이팬 용) 뒤집개

〈The Bathroom〉 (욕실)

toilet tank: 변기 물탱크
toilet seat: 변기
hamper: 빨래 광주리
(bathroom) scale 욕실 저울
shelf: 선반
hair dryer: 헤어 드라이기
fan: 선풍기
mirror: 거울
toilet paper: 화장지
toilet paper holder 화장지 걸개
toilet brush: 화장실용 솔
towel rack 수건 걸대
bath towel: 욕실 수건
hand towel 손 닦는 수건
air freshener/air purifier: 공기청정기, 공기정화기
washcloth/facecloth: 씻을 때 쓰는 수건/얼굴 씻는 수건
medicine cabinet/chest: 약품 넣는 캐비넷/서랍장
plunger: (끝에 흡착 컵이 붙은) 배수관용 청소 막대
toilet: 욕실, 화장실, 변소 (속어) = John, head, can
(bathroom) sink: (욕실)씽크대
hot water faucet: 온수 수도꼭지
cold water faucet: 냉수 수도꼭지
soap dispenser: 물비누를 빼서 쓰도록 만든 장치, 용기
toothbrush holder: 칫솔 거는 걸대
mouthwash: 구취 제거용 입 헹구는 액체
dental floss: 치간 청소용 견사
Water Pik: (물로 쏘아서 하는) 이빨 청소기
shower curtain rod: 샤워 커튼 막대
shower curtain rings: 샤워 커튼 막대의 커튼 끼는 고리
shower curtain: 샤워 커튼
shower cap: 샤워할 때 쓰는 (비닐) 모자
hairspray: 머리에 뿌리는 스프레이
comb: (빗살로 이루어진)빗
(hair) brush 헤어 브러쉬, (솔 형태로 된)빗
bath mat/bath rug: 욕실 깔개
toothbrush: 칫솔
toothpaste: 치약
soap: 비누,
soap dish 비누 담는 접시, 비누통
shampoo: 샴푸,
conditioner/rinse: 컨디셔너/린스
vanity: 화장대(미)
wastebasket: 쓰레기통
shower: 샤워기
shower head: 샤워기 꼭지
bathtub/tub: 욕탕
drain: 하수구, 물내려가는 곳
rubber mat: 고무 매트
sponge: 스펀지

〈Household Cleaning & Laundry〉 (가정용 청소 및 세탁용품)

broom: 빗자루
dustpan: 쓰레받기
dust cloth: 걸레
carpet sweeper: 양탄자 청소기
iron: 다리미
ironing board: 다리미대
dryer: 건조기
laundry detergent: 세제
fabric softner: 섬유 유연제
bleach: 표백제
starch: (세탁용) 풀

whisk broom: 작은 비, (특히) 양복 솔
feather duster: 새털(로 만든) 먼지떨이
vacuum (cleaner): 진공청소기
mop: 밀대 걸레
vacuum cleaner bag: 진공청소기 (안의 먼지) 봉지
washing machine/washer: 세탁기
static cling remover: 정전기 방지제
etc.

2. Food (음식)

Vegetables (야채)

garic: 마늘
green bean/string bean: 강낭콩
lettuce: 양상추
onion: 양파
green onions/scallions: 파
radish: 무
tomato: 토마토
cucumber: 오이
spinach: 시금치
eggplant: 가지

carrots: 당근
corn: 옥수수
ginger: 생강
cabbage: 양배추
celery: 샐러리
yellow pepper: 노랑 피망
green pepper: 녹색 피망
a pound of onions: 양파 한 파운드
a bunch of celery: 샐러리 한 묶음
a head of lettuce: 상치 한 포기

Fruit (과일)

apple: 사과
apricot: 살구
avocado: 아보카도
banana: 바나나
blueberry: 블루베리
cantaloupe: 캐털로우프
cherry: 자두
coconut: 코코낫
grape: 포도
nectarine: 넥타린, 천도복숭아
kiwi: 키위
mango: 망고
melon: 참외
orange: 오렌지
papaya: 파파야
peach: 복숭아
pear: 배
strawberry: 딸기
plum: 자두
watermelo: 수박
lemon: 레몬
grapefruit: 그래이프푸루트
honeydew melon: 감로 멜론

Fish (생선)

fresh water: 민물
salt water: 바닷물
catfish: 메기
anchovy: 멸치
sheephead: 돔
sea bream: 도미
hair-tail: 갈치
swordfish: 황새치
mackerel: 고등어
mackerel pike: 꽁치
yellow corvina: 조기
puffer:
swellfish:
blowfish:
globefish: 복어
anchovy: 멸치
sea cucumber: 해삼 =sea slug
(느릿느릿한 동물)
mullet: 숭어
bass, perch: 농어
cuttlefish = squid: 오징어
cuttle fish: 낙지 (small squid)
octopus: 문어
snake fish: 가물치
eel: 뱀장어
pollack: 명태
ear-shell (=abalone): 전복
crab: 게
artificial crab: 인공 게맛살
hair-tail (=belt fish): 갈치

trout: 숭어
salmon: 연어
shark: 상어
swordfish: 황새치
lobster: 가재
codfish: 대구
trumpet shell: 소라고동
gastropod: 고둥
mussel: 섭조개, 민물조개 따위 고둥
scallop: 조개, 가리비
shrimp: 새우
oyster: 굴
snail: 달팽이
mudfish: 미꾸라지
flatfish: 넙치, 광어, 가자미, 도다리
= flounder

Dairy & Other Ingredients (낙농제품 및 기타 재료)

egg: 달걀
milk: 우유
skim milk: 지방을 뺀 우유
butter: 버터
salt: 소금
sugar: 설탕
seasoning: 조미료
flour: 밀가루
dough: 밀가루 반죽
bean paste: 된장
shortening: 쇼트닝
black pepper: 후추
herb: 양념용 식물
turmeric: 심황, 인도산 생강
walnut: 호두
olive oil: 올리브유
sesame seeds: 참깨
vinegar: 식초
mustard: 겨자

Cooking (조리)

peel: 껍질을 벗기다
cut: 자르다
shred: 갈가리 찢다
slice: 얇게 자르다
dice 깍뚜기 꼴로 자르다.
chop: 다지다
grate: (강판으로) 갈다
crus: 으깨다
grind: 갈다
garnish: 고명을 하다, 장식하다.
marinate: (담가서) 연하게 하다
season: 양념하다
bake: 굽다
fry: 튀기다

beat: 두들기다
melt: 녹이다
dip: 담그다
grill: 그릴에 굽다
mix: 뒤섞다
blend: 골고루 혼합하다.
roast: 굽다
boil: 끓이다
steam: 증기로 삶다
whip: 휘저어 거품이 일게 하다
drain: 물기를 빼다.
squeeze: 쥐어짜다

3. Jobs (직업)

Kinds of Jobs (직업의 종류)

accountant: 회계사
agent: 중개인
assistant: 협력자, 조수
advisor: 고문, 상담자
analyst: 분석가
architect: 건축가
artist: 예술가
attorney: 변호사
author: 작가
baker: 빵 제조업자
banker: 은행가
barber: 이발사
cameraman: 촬영기사
carpenter: 목수
computer programmer: 컴퓨터 프로그래머
consultant: 고문, 상담자
counsellor: 상담자
delivery man: 배달원
dentist: 치과의사
designer: 디자이너
dietitian: 영양사
director: 감독
doctor: 의사
ecologist: 생태학자
economist: 경제학자
editor: 편집인
electrician: 전기기술자
engineer: 공학자, 기술자
fashion designer: 패션 디자이너
fire fighter: 소방수
florist: 꽃장수
flight attendant: 비행기 승무원
foreman: 작업감독
fund raiser: 자금조달자
fund manager: 자금관리자
gardner: 정원사
graphic designer: 그래픽 디자이너
greengrocer: 청과물상인
guide: 안내인

hair dresser: 미용사
housekeeper: 주부, 집 청소부
instructor: 교관, 지도자
interpreter: 통역관
janitor: 청소부, 관리인
jeweler: 보석상인
journalist: 신문잡지업자
locksmith: 자물쇠장수
manager: 경영자, 지배인
mechanic: 기계공, 수리공
merchant: 상인
musician: 음악가
newscaster: 뉴스진행자
nurse: 간호사
operator: 전화교환수
optician: 안경장수
painter: 페인트공
pharmacist: 약사
photographer: 사진사
therapist: 치료전문가
traffic controller: 교통통제관
translator: 번역가
police officer: 경찰관
politician: 정치가
producer: 프로듀서
professor: 교수
psychologist 심리학자
repair person: 수리공
reporter: 통신원
sales person: 판매원
scientist: 과학자
secretary: 비서
security guard: 안전요원
shop worker: 가게 점원
sports person: 스포츠인
supervisor: 감독
travel agent: 여행업자
weather forecaster: 일기예보관
zoo keeper: 동물원 관리인
etc. 등등

4. Human Body & Health (인간의 몸 & 건강)

Human Body (인간의 몸)

face: 얼굴
mouth: 입
tongue: 혀
tooth: 이빨
lip: 입술
eye: 눈
eyebrow: 눈썹
eyelid: 눈꺼풀
eyelashes: 속눈썹
iris: (눈)조리개
pupil: 눈동자
ear: 귀
nose: 코
nostril: 콧구멍

cheek: 뺨
chin: (아래)턱, 턱끝
jaw: (위아래)턱
neck: 목
shoulder: 어깨
arm: 팔
upper arm: (팔꿈치) 위쪽 팔
forearm: 팔뚝
elbow: 팔꿈치
armpit: 겨드랑이
hand: 손
finger: 손가락
palm: 손바닥
fingernail: 손톱
thumb: 엄지손가락
index finger (=forerefinger): 집게 손가락
middle finger: 중간손가락
ring finger: 약손가락
little finger: 새끼손가락
wrist: 손목
knuckle: 관절
back: 등, 척추
chest: 가슴
waist: 허리
abdomen: 배, 복부
buttocks: 궁둥이, 둔부
hip: 엉덩이
leg: 다리
thigh: 허벅지
knee: 무릎
calf: 장딴지

foot/feet: 발(양발)
ankle: 발목
heel: 뒤꿈치
instep: 발등
ball: 발바닥 앞쪽의 볼록한 부분
(big/little) toe: (큰/작은) 발가락
toenail: 발톱
hair: 머리카락
part: (머리의)가르마
forehead: 이마
beard: 턱 수염
sideburn: 얼굴 양옆에 난 수염, 구렛나루
mustache: 코밑의 수염
brain: 뇌
spine: 척추, 등뼈
spinal cord: 척수
throat: 목구멍, 목(인두, 식도, 후두 기관을 포함)
windpipe: 기관, 숨통
esophagus: 식도
muscle: 근육
lung: 폐
heart: 심장
live: 간
stomach: 위
intestines: 내장
vein: 정맥
artery: 동맥
kidney: 신장
pancreas: 콩팥
bladder: 방광

[internal organs 내부 기관]

brain: 뇌
spinal cord: 중추신경
wind pipe: 기관지
esophagus: 후두
gall bladder: 쓸개
bladder: 방광
artery: 동맥
vein: 정맥
heart: 심장
lung: 폐(허파)
liver: 간
stomach: 위
kidney: 신장(콩팥)
large intestine:대장
small intestine: 소장
pancreas: 이자
rectum: 직장
womb: 자궁
muscle: 근육
joint: 관절
knuckle: 손마디관절

Illness(Ailment) (질병)

AIDS
(Acquired Immunodeficiency
Syndrome): 후천성면역결핍증
stroke: 뇌졸중, 중풍
diabetes: 당뇨
waterborn diseases: 수인성 전염병
hypobulia: 의지력 결핍증
paranoid: 편집병
senile dimentia: 치매
polio: 소아마비
paralysis: 마비
infantile paralysis: 소아마비
allergy: 알레르기
palsy: 중풍, 마비상태
food poisoning: 식중독
rash: 두드러기, 발진
fever: 열
cough: 기침
insect bite: 곤충에 물린 것
chills: 한기
black eye: 눈 언저리의 검은 멍
headache: 두통
stomachache: 복통
backache: 등, 허리통증
toothache: 치통
high blood pressure: 고혈압
low blood pressure: 저혈압
cold: 감기
flu: 독감
sinus pain: 비강 통증
sore throat: 목 따가움
runny nose: 콧물
sprain: 삐기, 염좌
infection: 전염

broken bone: 골절
cut: 벤 상처
bruise: 멍
sunburn: 볕에 타기
burn: 화상
severe bleeding: 심한 출혈
heart disease: 심장병
heart attack: 심장마비
strokes: 일격, 발작
cancer: 암
constipation: 변비
paralysis: 마비
migraine: 편두통
electric shock: 전기충격
shock: 정신적 쇼크
fainting: 기절
food poisoning: 식중독
choking:
chest pain: 가슴 통증
animal bite: 동물에게 물림
bee sting: 벌에 쏘임
indigestion: 소화불량
diarrhea: 설사
itching skin: 피부 간지럼
throwing up (vomit): 토하기
feeling dizzy: 어지러움
insomnia, etc.: 불면증, 등

5. Leisure & Sports (여가선용 & 스포츠)

Outdoor Sports

swimming: 수영
diving: 다이빙
snorkeling: 호흡기구를 착용하고 잠수하기
scuba diving: 스쿠버 다이빙
wet suit: (잠수부, 수상 스키어 등이 입는) 웨트 슈트
air tank: 공기 통
mask: 수중 마스크
fishing: 낚시
fishing rod: 낚싯대
fishing line: 낚싯줄
surfing: 파도타기
surfboard: 파도타기 하는 널
windsurfing: 위드서핑, 돛대와 돛대를 단 서프보드로 하는 파도타기
sailing: 항해, 요트놀이
sailboat: 범선, 요트
mast: 돛
waterskiing: 수상스키
towrope: (배끄는) 밧줄
motorboat: 모터보우트
rowing: 노젓기
rowboat: 노 젓는 배

oar: 노
canoeing: 카누타기
canoe: 카누
paddle: (카누 등의) 짧은 노
kayaking: 카약 타기
white water rafting:
life jacket: 구명 자켙
rapids: 급류
sledding: 썰매타기
downhill skiing: 비탈타기 스키
cross country skiing: 들을 횡단하는 스키
bobsledding: 두 대의 연결 썰매타기
snowmobiling: 설상차경주
horseback riding: 말타기
hiking: 하이킹
camping: 캠핑

6. Shopping (쇼핑)

Supermarket (수퍼마켙)

entrance: 입구
exit: 출구
shopper/customer: 고객
shop assistant: 점원
sales manager: 판매 책임자
checkout counter: 계산대
express line: 급행 열
cash register: 금전 출납계
cashier: 금전 출납원
bagger/packer: 봉지 넣는 사람
shopping trolley/cart: 쇼핑 카트
conveyer belt: 운반하는 벨트
coupons: 쿠폰
scanner: 스캐너, 가격 찍는 기계
scale: 저울
shopping basket: 장바구니
shopping bag: 쇼핑백
paper bag: 종이 봉지
plastic bag: 비닐 봉지
aisle/lane: 복도
sign (notice) banning dogs: 개 출입 금지 사인(경고판)
fruit and vegetable counter: 과일과 야채 진열대
fresh meat counter: 신선한 육류 고기 진열대
bread and cake counter: 빵과 케이크 진열대
cheese counter: 치즈 진열대
display counter: 진열대
cosmetics: 화장품
toiletries: 화장실용품
snack foods: 스낵식품
condiments: 양념
deli(delicatessen): 조제식품
baking products: 구운 상품

baby products: 아기용품
pet food: 애완용품
paper products: 종이 제품
household items: 가정용품
canned goods: 깡통제품
beverages: 음료
dairy products: 낙농제품
frozen foods: 냉동식품
baked goods: 구운 상품
seafood: 해산물
packaged goods: 포장제품 etc.

7. Hobbies & Entertainment (취미 & 오락)

Hobbies (취미)

reading: 독서
singing: 노래하기
listening to music: 음악 감상
swimming: 수영
fishing: 낚시하기
camping: 야영
rafting: 래프팅하기, 뗏목타기
cooking: 요리하기
skiing: 스키타기
skating: 스케이트 타기
hiking: 등산
jogging: 조깅하기
bicycling: 자전거 타기
mountain climbing: 등산하기
sewing: 바느질하기
scuba diving: 스쿠버 다이빙
stamp collecting: 우표 수집
coin collecting: 동전 수집
gardening: 정원가꾸기
playing the piano: 피아노 치기
playing soccer: 축구하기
painting: 그림 그리기
drawing cartoons: 만화 그리기
knitting: 뜨개질하기
weight lifting: 역도
wrestling: 레슬링
watching T.V.: TV 시청
watching movie: 영화 보기 etc.

Movies(Films) (영화)

romantic: 로맨틱한, 낭만적인
historical: 역사의
blockbuster: 초대작
action/adventure: 액션/모험
suspense: 긴장감
musical: 음악의

comedy: 희극, 코미디
horror: 공포
fantasy: 공상
dramatic: 극적인
mystery: 신비
classic: 고전의
war: 전쟁
science fiction: 공상 과학 영화
cartoon: 만화
foreign film: 외국 영화
(film)actor/actress: 영화배우/여배우

box office: 매표소
(film)director, film star: 영화감독, 유명 영화배우
screen writer: 시나리오 작가
screenplay: 시나리오, 영화 대본
movie/film script: 영화 대본
silent film: 무성 영화
movie audience: 영화 관객
moviegoer: 자주 영화 구경 다니는 사람, 영화팬
movie theater: 영화관

TV Programs (TV 프로그램)

(situation) comedy/sitcom: 코미디/시트콤
drama: 드라마
talk show: 토크쇼
game show: 게임쇼

news program: 뉴스 프로그램
sports program: 스포츠 프로그램
cartoon: 만화영화
children's program: 어린이 프로그램
documentary: 다큐멘터리 etc.

Kinds of Music (음악의 종류)

classical: 고전의
popular (pop): 대중가요
country: 컨트리 음악, 시골
rock: 록
hard rock: 하드 록
heavy metal: 헤비 메탈
hip hop: 힙합
rhythm & blues
folk: 민속음악
opera: 오페라

new age: 뉴에이지
alternative rock: 대체 록
techno: 테크노
soul: 강렬한 감정, 기백, 영혼
gospel: 복음 성가
jazz: 재즈
rap: 랩
blues: 블루스
reggae: 레게

8. Travel & Transportation (여행 & 교통수단)

Travel and Travel Equipment (여행 및 여행 장비)

passport: 여권
visa: 비자(입국허가증)
itinerary: 여정
cruise: 순항, 순양 항해
safari: (아프리카의 동물 구경) 여행, 사냥 여행
coach tour: 버스 관광
package tour: 단체 관광
backpack: 배낭
backpacking: 배낭여행
camping: 캠핑
excursion: 소풍
sightseeing: 관광
field trip: 현장 답사
business trip: 업무 여행, 출장
travel agency: 여행사
souvenir: 기념품
carry-on-baggage: 휴대 짐
accommodations: 숙박시설
campground: 캠핑장소
youth hostel: 유스호스텔
hotel: 호텔
motel: 모텔
lodge: 여인숙
B&B (Bed & Breakfast): 잠자리와 아침 식사를 제공하는 숙박업소

Air Travel and Airport (항공 여행 및 공항)

checking-in: (비행기 탑승, 호텔 투숙 등)을 위한 절차
arrival/departure board: 도착/출발 게시판
baggage claim area: 수하물 찾는 곳
ticket counter: (공항 등의) 매표소
reservation: 예약
confirmation: 확인
boarding pass: 탑승권
terminal: 종착역, 터미널
boarding: 탑승
ticket: 표
security check: 보안 점검
gate: 문, 출입구
immigration: 이민
customs: 세관
quarantine: 검역
duty-free shop: 면세품 점
carousel: (특히 공항 승객의 짐을 나르는) 회전식 컨베이어
porter: 짐꾼
cart: 카트, 손수레
concourse: (역, 공항 등의) 중앙 홀
money exchange: 환금

hangar: (비행기의) 격납고
control tower: 관제탑
runway: 활주로
cruising altitude: 비행 고도
airfare: 항공료
round trip: 왕복
one way: 편도
first class: 1등석
business class/prestige class: 2등석
coach class = economy class: 3등석
departure: 출발
arrival: 도착
transit passenger: 통과 여객
non-stop flight: 직항
connecting flight: 연결항공
local time: 현지 시각
hub: 중심지
flight schedule: 비행 스케쥴
destination: 목적지
ground transportation: 육로교통
cabin: (비행기, 우주선의) 기실, 조종실
overhead bin: 머리 위의 짐 넣는 칸
reading light: 글 읽을 때 사용하는 전등
refreshments: (기운을 차리게 하는) 간단한 음식물, 다과
in-flight service: 기내 서비스
emergency exit: 비상구

safety instruction card
oxygen mask: 산소마스크
life vest/jacket: 구명조끼
seat belt: 안전벨트
turbulence: (기상) 난기류
pilot/captain: 기장
flight attendant: 승무원
ticket agent: 매표원
ticket counter: 계산대
suitcase: 여행 가방
arrival and departure board: 도착/출발을 알리는 전광판
check-in counter: 출발 준비 카운터
(baggage) claim check: (수화물) 번호표
baggage claim area: 수하물 찾는 곳
security check: 보안 검사
security guard: 보안 검사원
gate: 게이트 (출발 문)
waiting room: 대기실
boarding pass: 탑승권
baggage/luggage:수하물
customs: 세관
documents: 서류
passport: 여권
porter/skycap: 짐꾼

pilot/captain: 조종사, 기장
flight attendant: 승무원
cabin: 객실
overhead compartment: 선반

carry-on luggage: 휴대용 짐
passenger: 승객
window seat: 창측 좌석
middle seat: 중간 좌석

aisle seat: 복도측 좌석
runway: 활주로
terminal: 터미널

traffic: 교통
traffic jam: 교통체증
newsstand: 신문판매대
subway station: 지하철 역
street light: 가로등
bus stop: 버스 정류장
street sign: 거리 표지판
exit: 출구
passenger: 승객
sidewalk: 인도
street: 도로
road: 도로
dirt road: 비포장도로
freeway
highway: 고속도로
overpass: 고가도로
underpass: 지하도로
broken line: 점선
solid line: 차선
shoulder: 노견
divider: 분리대
left lane: 좌측 차선
middle lane 중간 차선
right lane: 우측 차선

control tower: 관제탑
wing: 날개
tail: 꼬리

yellow lines
white lines
double yellow lines
intersection: 교차로
crosswalk: 횡단보도
tollgate: 톨게이트
tollbooth: 통행료 징수소
tunnel: 터널
street light: 가로등
bridge: 교량
railroad crossing
corner
traffic light
railroad track
train station: 기차역
bus station: 버스역
information desk: 안내 데스크
ticket counter: 매표소
train: 기차
track: 철도
platform: 플랫홈
porter: 짐꾼
passenger: 승객
taxi stand: 택시 타는 곳

9. Emotions & Feelings (감정 & 느낌)

I am happy. (행복하다)
I am glad. (기쁘다)
I am pleased. (기쁘다)
I am sad. (슬프다)
I am angry. (화난다)
I am mad. (화난다, 미치겠다)
I am upset. (화난다, 성질난다)
I am disappointed. (실망스럽다)
I am hurt. (상처받았다)
I am frightened. (소름끼친다)
I am shocked. (놀랬다)
I am concerned. (걱정된다)
I am embarrassed. (당혹스럽다)
I am anxious. (불안하다)
I am irritated. (짜증스럽다.)
I am suspicious. (의심스럽다)
I am puzzled. (혼란스럽다)
I am relieved. (안심된다)
I am satisfied. (만족스럽다)
I am interested. (흥미롭다)
I am envious. (부럽다)
I am exhausted. (지쳤다)
I am jealous. (질투난다)
I am curious. (호기심난다)
I am determined. (결심했다)
I am stressed. (스트레스 받았다)
I am confused. (혼란스럽다)
I am frustrated. (좌절하다)

I am miserable. (비참하다)
I am depressed. (의기소침하다)
I am betrayed. (배신당했다)
I am lonely. (외롭다)
I am miserable. (비참하다)
I am pained. (고통스럽다)
I am surprised. (놀랐다)
I am positive. (긍정적이다)
I am optimistic. (낙관적이다)
I am negative. (부정적이다)
I am pessimistic. (비관적이다)
I am scared. (무섭다)
I am bored. (지겹다)
I am tired. (피곤하다)
I am exhausted. (기진맥진하다)
I am excited. (흥분했다. 신난다)
I am amazed. (감탄스럽다)
I am sick. (아프다, 넌더리난다)
I am sleepy. (졸린다)
I am hungry. (배고프다)
I am starving. (매우 배고프다)
I am thirsty.(목마르다)
I am regretful. (후회스럽다)
I am blessed. (은총을 입었다)
I am attracted.
(끌리다)
I am fascinated. (매혹 당하다)

10. People & Things (사람 & 사물)

Describing People (사람 묘사하기)

Shape (체격)

tall: 키 큰
short: 키 작은
thin: 야윈
skinny: 깡마른
underweight: 저체중의
overweight: 과체중의
slim: 날씬한
fit: 적절한 알맞은
just right: 딱 좋은
well-proportioned: 균형이 잘 잡힌
medium-built: 중간정도 체격의
well-built: 훌륭한 체격의
muscular: 근육의
plump: 살찐
chubby: 토실토실 살이 찐
stout: 뚱뚱한
pregnant: 임신한
obese: 비만의
heavy/fat: 무거운/살찐
unshapely: 보기 흉한, 못생긴
pot-bellied: 배가 볼록한 etc.

Face (얼굴)

round-faced: 둥근 얼굴형의
oval-faced: 얼굴이 달걀 모양의
square-faced: 모난 얼굴의
thin-faced: 얼굴이 초췌한
long-faced: 긴 얼굴형의
a bright face: 밝은 얼굴
light skin: 밝은 피부
a rosy complexion: 장밋빛 얼굴
olive skin: 올리브색 피부
dark skin: 까무잡잡한 피부
rosy cheeks: 발그레한 볼
red: 붉은
sun-tanned: 구릿빛의
weather-beaten: 햇볕에 거칠어진
sun-burned: 햇볕에 심하게 탄
wrinkles: 주름
moles: 사마귀
dimples: 보조개
pimples: 여드름, 뾰루지
beauty marks: 미인점
crow's feet: 눈가의 잔주름
a birth mark: 모반
age spots: 검버섯
a pale complexion: 창백한 안색
a glowing complexion: 건강한 안색
a moody face: 기분이 안 좋은 얼굴

angular features: 뼈가 앙상한 얼굴
a sallow complexion: 혈색이 나쁜 얼굴
a face with traditional Korean features:
전통적 한국 특징을 띤 얼굴
a face with western features:
서구적인 특징을 띤 얼굴
not to wear make-up:
화장을 하지 않기 위해서
wear a little make-up:
화장을 옅게 하다
heavily made-up:
화장을 진하게 하다
wear tons of make-up:
색조 화장 하다
etc.

Appearance (외모)

glamorous: 매혹적인
simple: 단순한
smart: 똑똑한
tidy: 단정한
handsome: 잘생긴
lovely: 사랑스러운
pleasant: 상냥한
cheerful: 기분 좋은
beautiful: 아름다운
handsome: 잘생긴
nice-looking: 잘생긴
good-looking: 잘생긴
cute: 귀여운
pretty: 예쁜
sweet: 상냥한
stylish: 유행의
chic: 멋진, 세련된
fashionable: 유행의
up to date: 최신의
trendy: 최신 유행의
wearing the latest fashion:
최신 유행하는 옷을 입다
wearing formal clothes: 정장을 입다
calm: 차분한
mellow: 감미로운
tough: 거친
a he-man: 남자다운
macho: 사나이
energetic: 정력적인, 활동적인
sexy: 섹시한, 매력적인
elegant: 우아한
masculine: 남자다운
feminine: 여성스러운
soft: 부드러운
asexual: 무성의
manly (for woman): 남자다운
boyish (for woman kid): 천진난만한
a tomboy (for woman kid): 말괄량이
girlish (for woman): 소녀다운
sensual: 관능적인

snobbish: 속물의
sporty: 발랄한
having an individual style: 개인적인 스타일을 가지다
dress casually: 편하게 옷을 입다
etc.

Personality / Character (인격 / 성격)

having character: 성격을 가지다
honest: 정직한
strong: 강한
unique: 독특한
optimistic: 낙천적인
pessimistic: 비관적인
human: 인간
compassionate: 자비로운
cooperative: 협력적인
positive: 긍정적인
patient: 참을성 있는
intuitive: 직관적인
instinctive: 본능적인
charming: 매력적인
conscientious: 양심적인
even-handed: 공명정대한
just: 정당한
impartial: 공평한
fair: 공평한
loyal: 충성스러운
faithful: 충성스러운
open-minded: 마음이 열린
sincere: 성실한
frank: 솔직한
honest: 정직한
straightforward: 정직한
generous: 관대한
punctual: 시간을 엄수하는
reliable: 믿음직한
dependable: 신뢰할 수 있는
clever: 영리한
sharp: 날카로운, 예리한
strict with himself/herself: 스스로에게 엄격한
self-critical: 자기 비판적인
curious: 호기심이 많은
have simple taste: 소박한 취향을 가지다
wise: 현명한
intelligent: 지적인
orderly: 질서를 지키는
powerful: 강한
energetic: 활동적인
capable: 유능한
brilliant: 찬란하게 빛나는
talented: 재능이 있는
efficient: 효율적인
careful: 신중한
placid: 평온한
precise: 정확한

have a good sense of humor:
유머 감각을 가지다
neat: 단정한
well-organized: 잘 정돈된
useful: 유용한
sensitive: 민감한
brave/courageous: 용감한
elegant: 우아한
gracious: 호의적인
decisive: 결정적인
reliable: 믿을 수 있는
obedient: 순종적인
sympathetic: 동정적인
modest: 겸손한
friendly: 친한
witty: 재치 있는
have a good memory:
좋은 기억력을 가지다
quick-witted/tactful: 약삭빠른
refined/sophisticated: 세련된
a good communicator:
훌륭한 전달자
have a good concentration:
좋은 집중력을 가지다
experienced: 숙련된
creative: 독창적인
a genius: 천재
knowledgeable: 지식이 있는
sentimental: 감정적인
ethical: 윤리적인
principled: 절조 있는

virtuous: 덕이 높은
polite: 공손한
innocent: 순진한, 결백한
matured: 어른스러운
warm-hearted: 마음이 따뜻한, 친절한
active: 활동적인
take the initiative: 솔선하다
assertive: 단언적인
kind: 친절한
have a good heart:
좋은 마음씨를 가지다
diligent: 근면한
industrious: 근면한
sociable: 사교적인
a good mixer: 교제 잘하는 사람
responsible: 책임감 있는
flexible: 융통성 있는
realistic/pragmatic: 현실주의의/
실용주의의
artistic: 예술적인
idealistic: 이상적인
independent: 독립적인
mysterious: 신비한
outrageous: 난폭한
near-sighted: 근시의
far-sighted: 원시의
frugal: 검소한
popular: 인기 있는
ambitious: 야심 있는
affectionate: 애정 깊은
young-at-heart: 마음이 청춘인

tasteful: 취미를 아는, 멋있는, 우아한
talkative: 수다스러운
easy-going: 태평한
hard-headed: 냉정한, 단호한
thick headed: 우둔한
negative: 부정적인
stubborn: 완고한
insensitive: 둔감한
shrewd: 빈틈없는
reserved: 내성적인
insincere: 불성실한
dishonest: 부정한
narrow-minded: 속이 좁은
withdrawn: 수줍은
shy: 수줍은
two-faced: 위선적인
stingy: 인색한
selfish: 이기적인
impatient: 성급한
bias: 편견
prejudiced: 편견을 가진
jealous: 질투심이 많은
stupid/thick/silly: 멍청한
lazy: 게으른
quick-tempered: 화를 잘 내는
short-tempered: 성마른
hot-tempered: 욱하는 성미가 있는
hysterical: 히스테리의
irresponsible: 무책임한
inconsiderate: 경솔한
unreliable: 신뢰할 수 없는
rigid: 완고한
forgetful: 잘 잊는
absent-minded: 멍한
humble: 겸손한
careless: 부주의한
spoiled: 버릇없는
weak: 약한
choosy: 까다로운
picky about: 까다로운
a coward/chicken: 겁쟁이
unstable: 불안정한
persistent: 완고한
faltering: 말을 더듬는
a show-off: 과시
vain: 허영심이 강한
too familiar: 너무 친밀한
boastful: 뽐내는
thoughtless: 생각이 없는
an idiot: 멍청이
calculating: 타산적인
sly: 교활한
cunning: 약삭빠른
dry: 냉담한
an opportunist: 기회주의자
free with money: 돈을 잘 쓰는
complicated: 복잡한, 등등

11. Phone Call & Communication

Telephone (전화)

a (tele)phone subscriber: 전화 가입자
a telephone operator: 전화 교환수
a long distance operator: 장거리 전화 교환수
a telephone office: 전화 교환국
a call number: 전화번호
telephone charges: 전화 요금
a telephone directory: 전화번호부
a (tele)phone book: 전화번호부
a telephone telegram: 전화 전보
a classified telephone directory: 직업별 전화번호부
a telephone wire [line]: 전화선
a (telephone) receiver: 수화기
car phone: 자동차 전화
conference call: 전화 회담
cellular phone: 휴대 전화
mobile phone(telephone): 휴대 전화
cordless telephone: 무선 전화기
housephone: (호텔·아파트 등의)교환 전화
long distance call service: 장거리 전화
IDDD (international direct distance dialing): 국제 장거리 자동 전화
phone booth(box): 공중전화 박스
pay telephone: 공중전화 박스
phone card (calling card): 전화 카드
phonovision: 텔레비전 전화
telephoner: 전화 거는 사람
teleconference: 화상 회의
switchboard: 교환대
telemarketing: 통신 판매, 텔레마케팅
telephonee: 전화 받는 사람
telesecurity: 도청방지
overseas call: 국제 통화
walkietalkie (=walkytalky): 워키토키(휴대용 소형 무선 송수신기)
wrong number: 잘못 걸린 전화
directory service: 디렉터리 서비스
directory assistance call: 전화번호 문의 전화
reversed charge (collect call): 수신자 요금 부담 전화
person-to-person call: 지명 통화
Yellow pages (Golden Pages): 업종별 전화번호부
Silver pages (White pages): 실버 페이지; 고령자를 대상으로 정보 서비스를 하는 기업별 안내란.
crank call (prank call): 장난 전화
call waiting: 통화 중 대기
toll-free call: 무료 장거리 전화

a wire tapping device: 도청 장치
beeper (pager): 무선 호출기, 삐삐
return call: 응답 전화
answering machine: 자동 응답기

12. Weather & Environment (날씨 & 환경)

Geography & Environment (지리 및 환경)

canyon: 협곡
cliff: 절벽
precipice: 절벽
swamp: 늪
valley: 계곡
gully: 골짜기
lake: 호수
plateau: 고원
river: 강
sea: 바다
hill: 언덕
mountain: 산
peak: 정상
ridge: 산등성이
slope: 경사
volcano: 화산
lava: 용암
maar: 마르
ocean: 대양
glacier: 빙하
desert: 사막
dune: 사구
forest: 숲
plains: 평원
waterfall: 폭포
fond: 연못
stream: 시내
brook: 시내
creek: 시내
bay: 만
bank: 둑
peninsula: 반도
island: 섬
inland: 내륙
aquifer: 대수층
jungle: 정글
coast: 해안
shore: 해안
beach: 해변
rocks: 바위
surf: 밀려드는 파도
sand: 모래
cave: 동굴
cavern: 동굴
the tropics: 열대지방
the subtropics: 아열대 지방
the arctic: 북극지방
the antarctic: 남극지방

tundra: 동토대, 툰드라
wildness: 야생
fjord: 협만
meadow: 목초지
wildlife: 야생생물
wild animal: 야생 동물
pollution: 오염
extinct: 멸종한
endangered species: 멸종 위기 종
destruction: 파괴
contamination: 오염
smog: 스모그
ozone protection: 오존층
depletion: 고갈
recycle bins: 재활용품
hazardous waste: 유해한 쓰레기
solid waste: 고체 쓰레기
sewage: 오물
reduce: 줄이다
reuse: 다시 사용하다
recycle: 재활용
compost: 합성물
sell: 팔다
donate: 기부하다
collect: 모으다
landfills: 매립 쓰레기
natural resources: 천연자원
dredge: 준설기, 캐내다
environmental degradation:
자연 붕괴
greenhouse gases: 온실 가스
exhaust: 고갈시키다
biomass: 생물량
geothermal power: 지열 에너지
hydropower: 수력 전기
nuclear power: 핵에너지
solar power: 태양 에너지
windpower: 풍력

[한영술어 대조표]

[한영술어 대조표]

개념	notions
개념 중심 교수요목	notional syllabus
개념-기능중심 교수요목	notional-functional syllabus
결정하기	decision making
경험 중심의	experiential
과정 지향 교수요목	process syllabus
과제	task
과제 전 활동	pre-task activity
과제중심 교수요목	task-based syllabus
과제중심 언어교육	task-based language teaching: TBLT
과제중심 영어교육	task-based English teaching
과제활동	task activity
과제 후 활동	post-task activity
관계중심 교수요목	relational syllabus
관련성	relevance
교사 역할	teacher role
교수계획	lesson plan
교수요목	syllabus
교수적 과제	pedagogic tasks
구성주의	constructivism
규준지향 평가	norm-referenced assessment
기능	functions
기능적인 목적	functional purpose
기능중심 교수요목	functional syllabus
끼워 맞추기 퍼즐	jig-saw puzzle
난이도 정하기	grading
내용 중심의	content-based
내용 중심 교육	content-based instruction
내재화하다	internalize
명시적 문법 지도	explicit grammar instruction

목표 과제	target task
목표언어	target language
목표지향적	criterion-referenced
묵시적 문법 지도	implicit grammar instruction
문법-번역 중심 교수법	Grammar-Translation Approach
문법/구조 중심 교수요목	grammatical/structural syllabus
문자언어	written language
문제 해결 활동	problem-solving activity
문화적 의식/자각	cultural awareness
복잡성	complexity
분리적 교수요목	analytic syllabus
비언어적 입력	non-verbal input
사전 활동	pre-activity
사회-문화적인 목적	socio-cultural goals
사후 활동	post-activity
상위기술	macroskill
상호작용	interaction
상황	context
상황에 맞는 교수법	context-sensitive approach
수업 목적	class goal
수업 목표	class objectives
수정된 입력	modified input
수정된 자료	modified materals
수행평가	performance assessment
숙제 내기	homework assignment
시범보이기	modelling
실제성(진정성)	authenticity
실제 자료	authentic material/text
언어사용	language use
언어 입력	language input
언어 중심의	language-based
언어 출력	language output
언어 형식	language form

언어적 입력	verbal input
언어적 의식/자각	language awareness
영어로 하는 영어수업	TETE(Teaching English Through English)
외국어로서의 영어	EFL(English as a foreign language)
의견 교환	opinion exchange
의미 초점 과제	meaning-focused tasks
의사소통 과정	communicative process
의사소통능력	communicative language ability
의사소통적 요구	communicative demand
의사소통중심 언어교육	Communicative Language Teaching(CLT)
의사소통중심 접근법	Communicative Approach
음성언어	spoken language
인지적 요구	cognitive demand
입력	input
입력 자료	input data
절차적 교수요목	procedural syllabus
정보 차 활동	information gap activity
제2언어로서의 영어	ESL(English as a second language)
제시순서	sequencing
제시-연습-수행	PPP(presentation-practice-performance)
주제 중심의	theme-based
직소 퍼즐	jigsaw puzzle(조각그림 끼워 맞추기)
텍스트 진정성	text authenticity
통제된 연습	controlled practice
통합적 교수법	integrative approach
통합적 교수요목	synthetic syllabus
특수 목적 영어	ESP(English for Specific Purposes)
평가	evaluation
평가 기준	assessment criteria
피드백	feedback
필요 분석	need analysis
하위기술	microskill
학습 과정	learning process

학습자 동기	learner motivation
학습자 역할	learner role
학습자 자율성	learner autonomy
학습자 진정성	learner authenticity
형태에 대한 초점	focus on form
형태 초점 과제	form-focused tasks
화용적 언어 능력	pragmatic language competence
확장하다	expand
흡입	intake

◎ 저자 약력

부산대학교 사범대학 영어교육과 졸업 (교육학 학사)
(BA in English Language Education)
부산대학교 교육대학원(영어교육 전공) 교육학 석사)
(MA in English Language Education)
오하이오주립대학교 대학원(영어교육 전공) (교육학 석사)
(MA in TESOL)
오하이오주립대학교 대학원(언어학 전공) (언어학 석사)
(MA in Linguistics)
오하이오주립대학교 대학원(영어교육 전공) (교육학 박사)
(Ph.D. in Language Arts, Literature & Reading)
현 부산대학교 사범대학 영어교육과 교수

◎ 교사 연수 경력

1. 국민학교 특활영어지도자 일반연수. 부산직할시 교육연수원. (1994년 12월 ~ 1995년 1월)
2. 중등영어과 일반연수. 부산직할시 교육연수원. (1994년 12월~1995년 1월)
3. 국민학교 특활영어지도자 일반연수. 부산광역시 교원연수원. (1995년 12월 ~ 1996년 1월)
4. 중등영어과 자격연수. 부산광역시 교원연수원. (1995년 7월 ~ 1995년 8월)
5. 중등영어과 일반연수. 부산광역시 교원연수원. (1996년 1월)
6. 초등 특활영어 지도자연수. 부산광역시 교원연수원. (1995년 12월 ~ 1996년 1월)
7. 초등교사 영어 일반연수. 부산광역시 교원연수원. (1996년 8월)
8. 중등영어과 1정 자격연수. 부산광역시 교원연수원. (1996년 12월 ~ 1997년 1월)
9. 초등교사 영어 일반연수. 부산교육대학교. (1997년 7월 ~ 1997년 8월)
10. 중등영어과 1, 2정 자격연수. 부산광역시 교원연수원. (1997년 7월 ~ 1997년 8월)
11. 초등교사 영어 일반연수. 부산교육대학교. (1997년 12월 ~ 1998년 1월)
12. 중등영어과 1정 자격연수. 부산광역시 교원연수원. (1998년 7월 ~ 1998년 8월)
13. 초등교사 영어 일반연수. 부산교육대학교. (1998년 7월 ~ 1998년 8월)
14. 초등교사 영어 일반연수. 동아대학교. (1998년 7월 ~ 1998년 8월)
15. 초등교사 영어 심화연수. 동의대학교. (1998년 12월 ~ 1999년 1월)
16. 초등교사 영어 일반연수. 부산교육대학교. (1998년 12월 ~ 1999년 1월)
17. 영어 심화연수. 부산대학교 중등연수원. (1999년 7월 ~ 1999년 8월)
18. 초등교사 영어 심화연수. 부산교육대학교. (1999년 7월 ~ 1999년 8월)
19. 초등영어 심화연수. 부산대학교 중등연수원. (1999년 12월 ~ 2000년 1월)
20. 초등영어 심화연수. 부산대학교 중등연수원. (2000년 7월 ~ 2000년 8월)

21. 초등영어 심화 연수. 부산대학교 중등연수원. (2000년 12월 ~ 2001년 1월)
22. 1999학년도 초등학교 5학년 영어과교육과정 직무연수. 부산광역시 교원연수원. (1999년 4월 ~ 1999년 5월)
23. 1999학년도 고등학교 영어교사 열린교육(수준별) 일반연수. 부산광역시 교원연수원. (1999년 7월 ~ 1999년 8월)
24. 1999년도 초등영어 담당교사 특별과정 일반연수. 부산광역시 교원연수원. (1999년 7월 ~ 1999년 8월)
25. 1999년도 초등영어 심화연수. 동의대학교. (2000년 1월)
26. 1999년도 하반기 초등교사 영어 기본연수. 부산교육대학교 부설초등교원연수원. (2000년 1월)
27. 1999년도 초등교사 영어 일반연수. 부산교육대학교 부설 초등 교원연수원. (2000년 7월 ~ 2000년 8월)
28. 중등영어과 열린교육 수준별 직무연수. 부산광역시교원연수원. (2000년 4월 ~ 2000년 5월)
29. 중등 영어과 1급 정교사 자격연수. 부산광역시교원연수원. (2000년 7월 ~ 2000년 8월)
30. 중등영어담당교사 특별과정 직무연수. 부산광역시교원연수원. (2001. 1. 2. ~ 2001. 1. 12.)
31. 중등영어과 1급 정교사 자격연수. 부산광역시교원연수원. (2001년 12월 ~ 2002년 1월)
32. 중등교원 1급 정교사 자격연수. 울산광역시 교육연수원 울산어학원. (2003년 7월 ~ 2003년 8월)
33. 중등교원 1급 정교사 자격연수. 울산광역시 교육연수원. 울산어학원. (2004년 7월 ~ 2004년 8월)
34. 영재를 위한 영어과 교수-학습방법 및 예시 분석. 과학영재학교 교원연수. (2005년 5월)
35. 중등교원 1급 정교사 자격연수. 울산광역시 교육연수원 울산어학원. (2005년 7월 ~ 2005년 8월)
36. 중등영어교사 교실수업개선 직무연수. 울산광역시 교육연수원. 울산어학원. (2006년 1월 ~ 2006년 2월)
37. 부산광역시 원어민 보조교사 교육을 위한 2006 원어민영어보조교사 사전 직무연수. 부산광역시교육청. (2006년 3월)
38. 중등학교 영어과 교실수업개선 직무연수. 부산광역시교육연수원. (2006년 7월)
39. 영재학교 교원을 위한 영어 강의 노하우: 교실 영어. 한국과학영재학교. (2010년 1월)
40. 영어교실에서의 의사소통능력 개발: 과제중심 영어교육. 부산관광고등학교. (2012년 6월)

저 자
김성애

부산대학교 사범대학 영어교육과 졸업 (교육학 학사)
(BA in English Language Education)
부산대학교 교육대학원(영어교육 전공) 교육학 석사)
(MA in English Language Education)
오하이오주립대학교 대학원(영어교육 전공) (교육학 석사)
(MA in TESOL)
오하이오주립대학교 대학원(언어학 전공) (언어학 석사)
(MA in Linguistics)
오하이오주립대학교 대학원(영어교육 전공) (교육학 박사)
(Ph.D. in Language Arts, Literature & Reading)
현 부산대학교 사범대학 영어교육과 교수

저 서
고등학교 영어회화 Ⅱ(공저) · (부산광역시교육청, 특목교 교과서용)
액션시리즈로 배우는 생활영어 (경문사)
영어문법과 의사소통의 통합 지도 (신아사)
영어 교수기술 연구 (신아사)
Homepage: http://home.pusan.ac.kr/~sngkm510
Email: sngkm@pusan.ac.kr

현장 및 예비 영어교사의 교수기술 향상을 위한 안내서
과제중심 영어교육

1판 1쇄 발행 _ 2012년 12월 25일

저 자 • 김 성 애
발 행 인 • 정 현 걸
발 행 • 신 아 사
인 쇄 • 예지인쇄
출판등록 • 1956년 1월 5일 (제9-52호)
주 소 • 서울특별시 은평구 녹번동 28-36번지 2F
전 화 • (02)382-6411 · 팩스 (02)382-6401
홈페이지 • www.shinasa.co.kr
E - MAIL • shinasa@chol.com

ISBN: 978-89-8396-791-6(93740)
저자와의 협의로 인지를 생략합니다.

정가 11,000원